Katharina Rothschild

Pubertät

Eltern zwischen Schulwahnsinn, Stimmungsschwankungen und Erwachsenwerden

Pubertät
Eltern zwischen Schulwahnsinn, Stimmungsschwankungen und Erwachsenwerden:

Mit alltagstauglichen Überlebensstrategien Ihr Kind gelassen durch alle Pubertätsphasen begleiten

Katharina Rothschild

Inhaltsverzeichnis

Vorwort **9**

Erstes Kapitel: Was versteht man unter Pubertät? **15**

1) Exkurs: Genetische Veranlagung und Pubertätsbeginn 17
2) Pubertät muss das sein? Oder die Frage, wozu ist die Pubertät eigentlich gut? 18
3) Das Gehirn 20
4) Phasen der Pubertät 25

   a) Erste Phase der Vorpubertät (8 bis 10 Jahre) 25
   b) Zweite Phase der Vorpubertät (11-12 Jahre) 27
   c) Die Hochpubertät – Mädchen (13 bis 16 Jahre) 29
   d) Die Hochpubertät – Jungen (13 bis 16 Jahre) 32
   e) Die Nachpubertät (17 bis 24 Jahre) 36

Zweites Kapitel: Die Vorpubertät **38**

1) Wie bereiten sich Eltern und Kinder auf die Pubertät vor? 38
2) Wie spricht man mit seinem Kind über die Vorpubertät? 43
3) Kann man den Beginn der Pubertät hinauszögern? 46

   a) Ernährung 47
   b) Medienkonsum 48

4) Akzeptieren Sie die Pubertät, sie ist wichtig! 50
5) Gemeinsam für das Kind 51
6) Exkurs: Als Eltern und Ehepaar trotz Kindern vereint bleiben 55
7) So meistern Sie als alleinerziehende Mutter die Pubertät 56
8) Vorbereitung auf das Loslassen 58

Drittes Kapitel: Mittendrin statt nur dabei – während der Pubertät **60**

1) Mädchen in der Pubertät – körperliche Veränderungen 60
2) Mädchen in der Pubertät – Änderungen im Verhalten 64
3) Jungen in der Pubertät – körperliche Veränderungen 67
4) Jungen in der Pubertät – Änderungen im Verhalten 69
5) Wie entwickelt sich die Persönlichkeit im Laufe der Pubertät weiter? 73

a) Haben die extremen Emotionen und die Risikofreude von Teenagern auch Vorteile? 75
b) Werden Jugendliche in der Pubertät dümmer? 75
c) Warum gehen Jugendliche so spät ins Bett? 76

6) Im Gespräch bleiben – die Bedeutung der Kommunikation 77
7) Beziehung statt Erziehung: Fürs Erziehen ist es jetzt zu spät! 79

Viertes Kapitel: Besondere Herausforderungen in der Pubertät 83

1) Schulleistungen 83
2) So gelingen die Hausaufgaben: Klare Regeln für die tägliche Pflicht: 83
3) Nachhilfe 85
4) Exkurs: Das Für und Wider von Belohnungssystemen 86

Fünftes Kapitel: Alarmstufe Rot – wenn die Pubertät den Rahmen sprengt 88

1) Mobbing 88

a) Definition 88
b) Ursachen 89

2) Cybermobbing 98
3) Sollte mein Kind bei Mobbing die Klasse oder Schule wechseln? 100
4) Heranwachsende, die die Schule schwänzen 101
5) Sexualität 103

a) Wie sollten Eltern mit der Sexualität ihrer Kinder umgehen? 103
b) Exkurs: Sexualität in Patchwork Familien 104
c) Homosexualität 105

6) Drogenkonsum 107
7) Computersucht und Gaming 110
8) Depressionen 111
9) Essstörungen 114

a) Magersucht 114
b) Bulimie 115
c) Binge Eating Disorder 116

10) Selbstzerstörung – Ritzen15 117
11) Rauschtrinken 117
12) Ausreißen von Zuhause 120
13) Finanzen 122
14) Partyexzesse 123
15) Liebeskummer 124

Sechstes Kapitel: Exkurs – Tipps zum Umgang mit Lehrern 127

1) Hausbesuche 131
2) Besuch im Unterricht 131

Siebtes Kapitel: Bonus – 20 Tipps für das Überleben mit einem Teenager 133

Schlusswort 139

Haftungsausschluss 141

Impressum 142

Vorwort

„Du bist so gemein!“ Mein heiß geliebtes Kind knallt die Zimmertür hinter sich zu und dreht den Schlüssel im Schloss herum. Wahrscheinlich wird es stundenlang in seinem Zimmer bleiben und mich mit ohrenbetäubender Musik an den Rand des Wahnsinns treiben. Auslöser solcher Streitereien mit Heranwachsenden sind in der Regel Nichtigkeiten. Bei Mädchen kann es ein Kleidungsstück sein, das die Mutter unangemessen, die Tochter aber für modern und überlebenswichtig erachtet. Bei Jungen geht es oft um obercooles und machohaftes Verhalten, das Eltern als provozierend empfinden.

Wenn Ihnen solche oder ähnliche Szenen bekannt vorkommen, darf ich Sie im erlauchten Kreis der Eltern pubertierender Kinder begrüßen. Wie Ihnen sicher nur allzu gut bekannt ist, sieht die Natur vor, dass Menschen ihre Geschlechtsreife erlangen, indem sie die Pubertät durchlaufen. Um zu selbstständigen Individuen zu werden, erleben die Kinder tief greifende körperliche und seelische Veränderungen.

Im Gegensatz zu früher beginnt die Pubertät heute oft im Grundschulalter. Noch vor ca. 110 Jahren ging man davon aus, dass ein Kind zwischen 10 und 16 Jahren in die Pubertät kommt. Im 19. Jahrhundert bekamen Mädchen ihre erste Regelblutung im Schnitt zwischen 15 und 17. Heute beginnt die Adoleszenz bei Mädchen zwischen 8 und 14 Jahren und bei Jungen etwa zwei Jahre später.

Noch bevor die körperlichen Veränderungen einsetzen, zeigen viele Kinder gravierende Verhaltensänderungen. Aus einigen bisher liebebedürftigen Kleinen können bockige Wesen werden, die die Autorität ihrer Eltern infrage stellen.

Man spricht von der sogenannten „Vorpubertät" und meint damit die Phase, in der sich der Körper des Kindes noch nicht verändert, es aber schon pubertäre Verhaltensweisen zeigt. Bei dem Begriff „Vorpubertät" handelt es sich nicht um einen Fachterminus, sondern um einen gängigen Begriff, mit dem man der „Ruhe" oder besser gesagt der „Unruhe vor dem Sturm" der Pubertät einen Namen gegeben hat. Ebenso wie die Pubertät beginnt auch die Vorpubertät immer früher.

Eltern empfinden den Ablöseprozess der Pubertät als sehr schmerzlich, schließlich entziehen ihnen ihre Kinder Liebe und Bewunderung. Kinder hingegen erleben die Adoleszenz als eine Phase großer Verunsicherung. Sie befinden sich in einem Zwischenstadium: Auf der einen Seite sind sie noch sehr kindlich, auf der anderen Seite entwickeln sie Interessen und Vorlieben von Jugendlichen. Das Kinderzimmer ist der Ort, an dem dieser Zwiespalt sichtbar wird. Auf dem Bett tummeln sich Teddybären und Puppen, während Justin Bieber und Lady Gaga die Wände zieren.

Das frühe Einsetzen der sexuellen Reife führt dazu, dass Kinder – insbesondere Mädchen – in einem sexuellen Kontext wahrgenommen werden, obwohl sie sich geistig noch in einem kindlichen Stadium befinden. Ein frühes Einsetzen der Pubertät kann bei

Mädchen zur Ausgrenzung führen. Die Jungen beäugen neugierig die ersten Brüste im Sportunterricht. Die Mädchen fühlen sich unwohl in ihrem Körper und müssen sich erst an ihre weiblichen Rundungen gewöhnen.

Jungen hingegen leiden eher unter einem späten Einsetzen der Pubertät. Sie wünschen sich ein männliches Aussehen und eine tiefe Stimme. Die Psyche kann bei beiden Geschlechtern leiden, Depressionen können die Folge sein.

Kinder gleichen in dieser Phase einer Raupe, die zum Schmetterling wird. So wie sich die Raupe mehrfach häutet, bevor sie sich verpuppt und zum Schmetterling heranreift, durchlaufen Körper und Psyche des Kindes bzw. des Jugendlichen mehrere Stufen der Veränderung. Mit Abschluss der Pubertät fliegt der junge Erwachsene gestärkt in die Freiheit davon.

So viel zur Theorie. In der Realität gleicht der Weg in die Freiheit des Erwachsenenlebens eher einem Minenfeld: Einige Kinder rutschen in der Pubertät in ein kriminelles Milieu ab, andere werden magersüchtig oder gar depressiv. Eltern möchten dies natürlich um jeden Preis vermeiden. Ein Schlüssel zum gesunden Heranreifen des eigenen Nachwuchses liegt in der richtigen Erziehung.

Doch wie sollen Eltern ihre Kinder auf dem Weg durch die Pubertät begleiten? Eltern möchten ihre Kinder zu selbstbewussten Individuen erziehen, die beruflich erfolgreich sind und sich in das soziale Gefüge unserer Gesellschaft integrieren. In unserer modernen und schnelllebigen Zeit sind Flexibilität, Weltoffenheit, Sozialkompetenz und eine gute Ausbildung gefragt. Regeln des Elternhauses, der Schule, gesellschaftliche Zwänge und freie Selbstentfaltung scheinen sich auf den ersten Blick zu widersprechen.

Nicht nur Ihr Kind soll sich in der Pubertät zu einer starken, selbstbewussten Persönlichkeit entfalten, auch Sie als Eltern sollen in dieser Ablösungsphase Perspektiven für sich selbst entwickeln.

In einem ersten Impuls orientieren sich viele Eltern an ihrem eigenen Elternhaus und greifen auf die Erziehungsmethoden zurück, die ihnen selbst zuteilwurden. Ein nicht unproblematisches Verhalten, denn nicht jede althergebrachte Erziehungsmethode gilt heute noch als zeitgemäß.

Nehmen wir zum Beispiel die Prügelstrafe. Noch in den 50er und 60er Jahren war es üblich, seine Kinder körperlich zu züchtigen. Diskussionen um zu kurze Röcke oder zu laute Musik haben unsere Großeltern mit einer Ohrfeige abgekürzt. Die Prügelstrafe wurde in den 70er Jahren an deutschen Schulen abgeschafft. Gesetzlich verboten ist sie in Deutschland jedoch erst seit dem Jahr 2000.

Körperliche Züchtigungen gelten in unseren modernen Zeiten als No-Go in der Kindererziehung. Das Verhältnis zwischen Eltern und Kindern ist heute weniger hierarchisch als früher. Eltern wollen ihren Söhnen und Töchtern auf Augenhöhe begegnen.

Wie schaffen Sie es, in diesem Spannungsfeld der Pubertät Ihren eigenen Erfolgsweg zu finden? Meine Antwort lautet: Definieren Sie Ihren eigenen Standpunkt und Ihre eigene Linie bei der Erziehung Ihrer Kinder. Schaffen Sie sich ein festes Fundament, auf dem Sie selbst stehen. Eine Grundlage, die aus Ihren Werten und von Ihnen bestimmten Rahmenbedingungen besteht.

Wie finden Sie Ihr eigenes Fundament? Sie erarbeiten es sich Stück für Stück selbst. Es gibt einige wenige Eltern, die über die glückliche Gabe verfügen, aus dem Bauch heraus die für alle Beteiligten richtigen Entscheidungen zu treffen. Alle anderen müssen sich ihren eigenen Erziehungsstil erarbeiten.

Tauschen Sie sich mit anderen Eltern aus oder nehmen Sie sich einen Erziehungsratgeber zur Hand. Hilfreich kann es auch sein, sich an seine eigene Pubertät zu erinnern. Wissen Sie noch, wie Sie sich damals gefühlt haben? Was war Ihnen wichtig? Wofür haben Sie gekämpft? Was hat Sie am meisten genervt und gestört?

Versuchen Sie, sachlich an das Thema heranzugehen. Übertragen Sie Ihre Ängste und Sorgen nicht auf Ihre eigenen Kinder.

Dieser Ratgeber soll eine sachliche Bauanleitung für Ihr eigenes Fundament sein, damit Sie auf festem Grund stehen, während Ihr Kind sich auf unsicheres Neuland begibt. Mit vielen praktischen Tipps und Beispielen möchte ich Ihnen einen Weg durch die schwierige Zeit der Pubertät weisen. Ich widme mich dabei beiden Phasen der Adoleszenz, der Vorpubertät und der Hochphase der Pubertät und gehe auf die Unterschiede zwischen Jungen und

Mädchen in dieser herausfordernden Phase des Heranswachsens ein. Ganz wichtig finde ich die Kommunikation zwischen Eltern und Kindern, die gerade jetzt nicht versiegen darf!

Allzeit gute Nerven und viel Spaß beim Lesen!

Erstes Kapitel:

Was versteht man unter Pubertät?

Pubertät leitet sich vom lateinischen Begriff *„pubertas"* (übersetzt: „Geschlechtsreife") ab und bezeichnet seit dem 16. Jahrhundert die Phase, in der sich Heranwachsende zum fortpflanzungsfähigen Erwachsenen entwickeln. Körper und Seele des Kindes durchlaufen einen tief greifenden Umwandlungsprozess. Äußerlich sichtbar sind die körperlichen Veränderungen: Der Körper bildet funktionsfähige Fortpflanzungsorgane aus, die Körperform verändert sich und Achsel- und Schamhaare wachsen.[1] Sorgen bereiten Eltern aber vor allen Dingen die seelischen Spannungen, unter denen die Jugendlichen (scheinbar) leiden.

Die Pubertät setzt ein, sobald die Hirnanhangdrüse mit der Produktion von Sexualhormonen (Gonadotropine) beginnt, die ein Wachstum der Keimdrüsen auslösen. Dies sind bei Mädchen die Eierstöcke (Ovarien) und bei Jungen die Hoden.

Die Keimdrüsen stellen die Geschlechtshormone Testosteron und Östrogen her und geben sie in die Blutbahn ab. Erreichen beide Hormone ein bestimmtes Level, lösen sie die Pubertät aus. Im Laufe der Pubertät produzieren die Keimdrüsen bei Mädchen überwiegend nur noch Östrogen, während bei Jungen das Testosteron die Oberhand gewinnt.

1 https://de.wikipedia.org/wiki/Pubertät

Aufgrund des Testosterons wird der Körper von Jungen muskulöser und ihre Stimme tiefer. Penis und Hoden wachen. Die Spermienproduktion setzt ebenso ein wie der Bartwuchs. Bei Mädchen lässt der gestiegene Östrogenspiegel die Brust wachsen und nach einer gewissen Zeit setzt auch die Menstruation ein. Sobald die Eierstöcke befruchtungsfähige Eizellen bilden, können Mädchen schwanger werden.

TIPP: Der Zeitpunkt, an dem ein Mädchen fruchtbar ist, lässt sich nicht ganz genau bestimmen. Sobald die Menstruation eingesetzt hat, können Sie davon ausgehen, dass Ihre Tochter schwanger werden kann. Aber auch, wenn die Periode bei Ihrer Tochter noch nicht begonnen hat, bedeutet dies nicht, dass sie nicht schwanger werden könnte. Schon vor der ersten Menstruation reift nach außen unsichtbar eine Eizelle heran.

Bereits das erste zarte Wachstum der Brust verunsichert viele Mädchen. Sie reagieren entweder mit einem Rückzug in die eigenen vier Wände oder stellen die dazugewonnen Reize auffallend zur Schau. Beide Verhaltensweisen missfallen den Eltern, die sich weder Einsiedlerkrebse noch Partyhasen als eigene Kinder wünschen. Jungen begrüßen hingegen die ersten sichtbaren Zeichen ihrer Männlichkeit und leiden, wenn sie mit ihrer äußeren Entwicklung den anderen Jungen in ihrer Klasse hinterherhinken.

Facebook & Co. machen es Jugendlichen leicht, ihren eigenen Körper zur Schau zu stellen. Schnell ist ein offenherziges Foto gepostet und geteilt. Die frühzeitige Vermittlung von

Medienkompetenz zählt daher zu den erzieherischen Kernthemen in dieser hochsensiblen Zeit.
Mein TIPP: Weder die körperlichen noch die seelischen Veränderungen Ihrer Kinder lassen sich aufhalten oder beschleunigen. Wichtig ist, dass Sie Ihrem Kind Selbstbewusstsein vermitteln. Die Botschaft sollte lauten: Du bist in Ordnung, so wie Du bist. Wir geben Dir Halt und sind immer für Dich da.

1) Exkurs: Genetische Veranlagung und Pubertätsbeginn

Wann die Pubertät einsetzt und aufhört, ist in hohem Maße ethisch vorbestimmt. Bei eineiigen Zwillingen beginnt die Pubertät fast gleichzeitig. Bei zweieiigen Zwillingen kann der Beginn der Pubertät bis zu einem Jahr auseinanderliegen. Neueste Studien deuten darauf hin, dass bis zu 123 verschiedene Genvarianten an 106 Genorten den Beginn der Pubertät steuern. Entscheidend sind entweder die Gene der Mutter oder des Vaters. Diese Gene beeinflussen nicht nur die Hormonproduktion im Körper, sondern auch das Körpergewicht. Übergewichtige Kinder kommen meist früher in die Pubertät.[2]

In der Regel beginnt die Hochpubertät bei Mädchen ab dem 10. und endet mit dem 18. Lebensjahr. Bei Jungen setzt die Hochpubertät normalerweise etwa 2 Jahre später ein und endet mit dem 21. Lebensjahr.

2 Die Gene der Pubertät, wissenschaft.de

Anders als früher angenommen, entwickelt sich die Sexualität des Menschen nicht erst in der Pubertät. Bereits Kinder können sexuelle Regungen haben. Man spricht dann von infantiler Sexualität.[3]

2) Pubertät muss das sein? Oder die Frage, wozu ist die Pubertät eigentlich gut?

Bevor wir uns näher mit den einzelnen Phasen der Pubertät und ihren Auswirkungen auf die jeweiligen Geschlechter befassen, möchte ich Ihnen verdeutlichen, wie wichtig die Adoleszenz für die Entwicklung eines Menschen ist.

Die Pubertät verfolgt ein überlebenswichtiges Ziel, nämlich die Bildung einer eigenen Identität, die es Jugendlichen ermöglicht, ohne ihre Eltern als Erwachsene selbstständig zu leben. Das eigene Ich schafft die Freiheit, aber auch die Sicherheit, zu wissen, wer man ist. Jeder Heranwachsende muss lernen, sich selbst zu akzeptieren und zu lieben. Dazu zählt auch, sich in seinem eigenen Körper wohlzufühlen, aber auch die eigene Persönlichkeit und die eigenen Fähigkeiten zu schätzen.

Die zentrale Frage, die sich Jugendliche in dieser Zeit immer wieder stellen lautet: Wer bin ich? Sie versuchen, diese Frage zu beantworten, indem sie sich an Vorbildern orientieren und bestimmte

3 Sibylle, Schlick-Dannenberg, Sexualität im Kindes- und Jugendalter, Tagungsbericht über das 3. Kinderanalytische Symposium

Dinge austesten. Diese Idole vermitteln ihnen gewisse Einstellungen, Lebensentwürfe und Verhaltensweisen. Vorbilder können Freunde oder andere Erwachsene (nicht immer die Eltern), aber auch berühmte Stars und Sternchen sein.

Jugendliche entwickeln ihre Identität, indem sie sich mit Eltern, Lehrkräften und weiteren Bezugspersonen kritisch auseinandersetzen und bestehende Werte und Normen der Gesellschaft hinterfragen.

TIPP: Viele Jugendliche sind in ihrer Kritik radikal und verletzend. Sie haben ein Händchen dafür, Vorbilder zu wählen, die die Eltern ablehnen. Plumpe Verbote sind jedoch der falsche Weg, Jugendliche durch die Pubertät zu begleiten. Grenzen sind dort sinnvoll und notwendig, wo sie für den Schutz der Jugendlichen, aber auch zur Wahrung Ihrer eigenen Grenzen als Mutter oder Vater unabdingbar sind.

Heranwachsende können ihre eigene Identität nur dann entwickeln, wenn sie ihr soziales Umfeld darin unterstützt. Mein Appell an Sie: Stärken Sie Ihr Kind in seinen eigenen Meinungen und Ansichten. Nur so kann es sich zu einem selbstbewussten Menschen entwickeln, der sich seiner eigenen Stärken und Schwächen bewusst ist.

Wenn Eltern versuchen, das Streben Ihres Kindes nach Unabhängigkeit zu unterbinden, kann dies die Entwicklung der eigenen Identität empfindlich stören und schwerwiegende Probleme nach sich ziehen. Die Heranwachsenden bleiben abhängig von den Wertvorstellungen anderer und sind leicht zu beeinflussen. Einige Jugendlichen wenden sich radikalen politischen oder religiösen Kräften. Andere suchen ihr Heil in Drogen oder Alkohol.

Sie müssen sich die Entwicklung einer eigenen Identität als einen über mehrere Jahre dauernden Prozess vorstellen. Wie bei einer Atlantiküberquerung wechseln sich Phasen der Windstille oder des Orkans einander ab. Bieten Sie Ihrem Kind Halt in dieser fordernden Zeit. Seien Sie das Boot, das einen sicheren Untergrund bietet, auf dem sich Ihr Kind frei bewegen kann.

Wie auch der Raum auf einem Boot begrenzt ist, sollten auch Sie Grenzen setzen, wenn auch großzügiger als auf einem Segelschiff. Wichtig ist, dass Sie Ihrem Kind Wertschätzung vermitteln, wenn Sie mit ihm kommunizieren. Nur so können Sie einen respektvollen Umgang mit Ihrer eigenen Person einfordern. Gleichzeitig stärken Sie das Selbstvertrauen Ihres Kindes – der beste Eigenschutz gegen schlechte Einflüsse.

3) Das Gehirn

Der Abschnitt über die Identitätsfindung hat es verdeutlicht: In der Pubertät stellt sich nicht nur der Körper der Kinder um, sondern das ganze Wesen des Heranwachsenden verändert sich. Verbunden damit ist eine weitreichende Umgestaltung des Gehirns, das sich bei pubertierenden Teenagern radikal neu strukturiert und auch zahlreiche Änderungen der Psyche mit sich bringt. Rational ist dieser Wandel und die damit verbundenen Verhaltensweisen nicht nachzuvollziehen.

Die Gehirne von Jungen und Mädchen entwickeln sich in der Pubertät unterschiedlich schnell. Das Gehirn von Jungen braucht etwas länger, bis es ausgewachsen ist, dass von Mädchen wächst schneller. Möglicherweise ist das einer der Gründe, warum Jungen risikobereiter sind als Mädchen, eher ihre Grenzen austesten und zu Mutproben neigen.

Hilfreich ist es, sich die Entwicklung des Gehirns in der Pubertät anhand der dort ablaufenden Prozesse zwischen den Nervenzellen vorzustellen. Viele Prozesse werden in der Pubertät neu geschaffen oder anders aufgesetzt. Das Gehirn baut sich selbst um und folgt dabei einem ganz eigenen Bauplan. Nacheinander werden einzelne alte Nervenverbindungen gekappt und neue aufgebaut. Ein Kontroll- und Gefühlschaos ist die Folge.

Zu Beginn der Pubertät reift die graue Substanz (Cortex) in der Großhirnrinde, die überwiegend aus Nervenzellkörpern besteht. Die meisten der bestehenden Nervenzellen in diesem Bereich des Gehirns haben sich im Verlauf der Kindheit gebildet. In der Pubertät greift der Körper zu drastischen Maßnahmen und kappt alle Nervenverbindungen, die er für das bevorstehende Erwachsenleben nicht mehr braucht. Er räumt auf und schafft Platz für Neues. Erhalten bleiben nur die Nervenverbindungen, die das Gehirn als notwendig für das zukünftige Erwachsenenleben erachtet.

Auf der anderen Seite baut das Gehirn die sogenannte weiße Substanz in der Pubertät auf. Die weiße Substanz besteht fast ausschließlich aus Nervenbahnen. Durch deren Aufbau können die Nervenzellen Informationen schneller übermitteln, alle Hirn- und Denkprozesse beschleunigen sich. Am Ende dieses Prozesses sind die Jugendlichen in der Lage genauso schnell zu denken wie Erwachsene.

TIPP: Natürlich können Sie in den Aufbau der Nervenzellen nicht eingreifen und aktiv gezielt neue Verknüpfungen zwischen den Nerven herbeiführen. Sie können sich aber um ein positives und stimulierendes Umfeld bemühen. Bieten Sie Ihrem Kind Theater- oder Musicalbesuche an. Ermöglichen Sie ihm, zu reisen. Stellen Sie Literatur zur Verfügung.

Der US-Psychiater Jay Giedd beschäftigt sich seit Jahren mit dem Umbau des Gehirns während der Pubertät.[4] Er hat herausgefunden, dass die Stirnlappen von weitreichenden Umbaumaßnahmen betroffen sind. Dort liegt das Kontrollzentrum, das unsere Bewegungen, die Wahrnehmung, die Orientierung und die Sprache überwacht. Da dieses bei Heranwachsenden noch nicht voll funktionsfähig ist, können sie Impulse und Emotionen schlechter kontrollieren als Erwachsene.[5]

Gleichzeitig übt das limbische System einen starken Einfluss auf das Verhalten der Jugendlichen aus. Dort ist u. a. der Nucleus

---

4 Jay N. Giedd u.a.: Brain development during childhood and adolescence: a longitudinal MRI study; aus Natur neuroscience volume 2 no 10, October 1999
5 Die anstrengende Psyche der Pubertierenden, Welt vom 19.05.2014

accumbens beheimatet, in dem sich Dopaminrezeptoren befinden. Dopamin löst beim Menschen Glücksgefühle aus. Jeder Mensch braucht seine persönliche Dosis an Glücksgefühlen und sorgt unbewusst für seine tägliche Menge Dopamin, sei es durch seinen Lieblingsnachtisch oder ein Gespräch mit Freunden. Einen ganz besonderen „Dopaminkick" bieten uns Ausnahmesituationen wie Bungee-Jumping.

Jugendliche verfügen vermutlich über weniger Dopaminrezeptoren als Erwachsene und empfinden daher Situationen, bei denen das Gehirn von Erwachsenen schon Dopamin ausstößt (ein leckeres Schokoladeneis in der Lieblingseisdiele) als langweilig. Erst Reize, die bei Erwachsenen zu einem richtigen Kick führen, stimulieren das Gehirn bei Jugendlichen bis zu einem Dopamin Ausstoß.

Manche Jugendliche suchen daher ihren Dopaminkick beim S-Bahn Surfen oder Diebstahl im Supermarkt. Auch Filme und Videospiele können Glücksgefühle auslösen ebenso wie Alkohol oder Drogen.

Auf den starken Einfluss des limbischen Systems ist es wohl auch zurückzuführen, dass Teenager Emotionen anderer Menschen häufig anders einordnen als Erwachsene.[6] Forscher haben Heranwachsenden und Erwachsenen Fotos von Menschen mit Gesichtsausdrücken gezeigt, die unterschiedliche Emotionen wie Wut, Freude oder Ärger zeigten. Gleichzeitig maßen Sie, welche Hirnregion diese Bilder mit Emotionen verarbeitet. Die Jugendlichen

6 Christiane Tovar und Tobias Aufmkolk, Pubertät, www.planet-wissen.de

nutzten die Amygdala im limbischen System, um die Emotionen einzuordnen. Entscheidungen werden dort eher impulsiv, ohne Reflexion getroffen.

Erwachsene nutzen für diese Aufgabe den frontalen Cortex, eine deutlich ausgereiftere Hirnregion mit Kontrollmechanismen. Sie beurteilten die Emotionen häufig anders als die Heranwachsenden. Jugendliche sind vermutlich gar nicht in der Lage, Emotionen so klar einzuordnen wie Erwachsene. Sie reagieren impulsiv oder aus Sicht von Erwachsenen schlichtweg falsch.

Diese wissenschaftliche Erkenntnis ändert nichts an dem Verlauf der Pubertät, aber sie kann helfen, das Verhalten von Jugendlichen in der Pubertät besser einzuordnen.

Noch ein weiterer Faktor beeinflusst das Verhalten von Jugendlichen in der Pubertät erheblich. Die Veränderungen im Gehirn ermöglichen es ihnen, Selbstreflexion zu lernen. Sie denken über ihr eigenes Verhalten und die Meinung anderer gründlich und lange nach. Wie selbstverständlich gehen sie davon aus, dass auch jeder andere ebenso intensiv und lange über bestimmte Situationen und ihr Verhalten reflektiert. Dadurch setzen sie sich unter enormen Druck.

TIPP: Geben Sie Ihrem Kind ein klares Feedback zu seinem Verhalten, indem Sie es loben oder kritisieren. Kritik sollten Sie dabei in Maßen, immer auf Augenhöhe und konstruktiv äußern.

4) Phasen der Pubertät

Die Pubertät vollzieht sich in mehreren Phasen. Grob lassen sich die Vorpubertät und die eigentliche Pubertät (Hochpubertät) unterscheiden. Die Vorpubertät wiederum lässt sich wieder in zwei Phasen unterteilen. Die erste Phase beginnt mit 8 Jahren und endet ungefähr mit 10. Die zweite sich daran anschließende Phase endet mit ungefähr 12 Jahren.

Ich habe die Grenzen zwischen diesen Phasen als eher fließend erlebt und bei jedem Kind individuell etwas anders wahrnehmen können. So kann es sein, dass der Hoden bei Jungen schon mit 9 Jahren anfängt zu wachsen, sich die weiteren sekundären Geschlechtsmerkmale hingegen deutlich Zeit lassen.

TIPP: Begreifen und erwarten Sie die Pubertät nicht allzu schematisch. Machen Sie sich keine Sorgen, wenn Ihr Kind etwas früher oder später in die eine oder andere Phase kommt. Jedes Kind durchlebt die Pubertät anders und hat sein eigenes individuelles Tempo.

a) Erste Phase der Vorpubertät (8 bis 10 Jahre)

Die erste Phase der Vorpubertät verläuft bei vielen Kindern im Vergleich zu den folgenden Phasen eher ruhig. Viele Eltern realisieren noch gar nicht, dass sich ihr Kind in der Vorpubertät befindet. Die Kinder sind sehr an ihrer Umwelt interessiert, sind wissensdurstig und können logisch sowie konkret argumentieren. Die Eltern freuen sich, viel mit ihren Kindern zu unternehmen und ihnen die

Welt zu zeigen. Oft sind sie überrascht, wie weit das Denken ihrer Kinder entwickelt ist. Mädchen sind in dieser Phase häufig schon weiter entwickelt als Jungen.

Die Kinder werden im Verlauf der Frühpubertät zunehmend autonomer, zweifeln die von ihren Eltern aufgestellten Regeln an und wollen für sich selbst entscheiden. Die Eltern bleiben nach wie vor die wichtigsten Ansprechpartner für ihren Nachwuchs, selbst wenn dieser sich vermehrt zurückzieht und Zeit auf seinem Zimmer verbringt. Trotzdem bleibt der Kontakt zwischen Eltern und Kind in dieser Zeit sehr eng. Möglicherweise können Eltern und Kind ihre Beziehung zueinander intensivieren.

TIPP: Wenn es Ihnen zu Beginn der Vorpubertät gelingt, das Verhältnis zu Ihrem Kind zu festigen, haben Sie ein wichtiges Fundament für die folgenden Phasen der Pubertät gelegt. Besteht am Anfang der Pubertät ein stabiles Vertrauensverhältnis zwischen Eltern und Kind, hat dieses bessere Chancen sich zu vertiefen, als eine bereits strapazierte und vorbelastete Eltern-Kind-Beziehung.

Jungen und Mädchen durchleben bereits die Vorpubertät unterschiedlich. Jungen strotzen vor Energie und können nicht still sitzen. Viele entwickeln sich zu Rambos, die das Abenteuer und Wettkämpfe mit Gleichaltrigen suchen.

Die Vorpubertät ist auch bei Mädchen mit einem starken Bewegungsdrang und Unruhe verbunden. Gegen Ende der ersten Phase können Stimmungsschwankungen den Alltag mit Mädchen prägen.

b) Zweite Phase der Vorpubertät (11-12 Jahre)

Die zweite Phase der Vorpubertät ist durch mehrere Wachstumsschübe geprägt. Erst wachsen Hände und Füße. Die Brust und Schamhaare beginnen ebenfalls zu sprießen. Mit zwölf wachsen viele Mädchen gleich um mehrere Zentimeter in die Höhe. Auch die Schweißdrüsen bilden sich aus und die Schamhaare beginnen sich zu kräuseln. Bei Jungen setzt die Pubertät mindestens ein Jahr später ein: Mit zwölf Jahren wachsen Hoden, Hodensack, Schamhaare und etwas später auch der Penis.

Diese körperlichen Veränderungen können ganz plötzlich einsetzen oder langsamer. Auch hier gibt es einen Unterschied zwischen Mädchen und Jungen. Meist haben Mädchen in diesem Alter bereits ihre endgültige Körpergröße erreicht und ihre Füße sind bereits ebenfalls ausgewachsen. Jungen wirken oft noch deutlich jünger, da ihr Wachstum etwas später einsetzt.

Mädchen finden sich gerne in Gruppen zusammen, die kichernd und tuschelnd in der Ecke stehen.

Die Jugendlichen sehen ihre Eltern noch als Bezugspersonen, mit denen sie sich gerne austauschen. Dennoch wird es im Verlauf der zweiten vorpubertären Phase immer schwieriger, den Kindern Grenzen aufzuzeigen. Ist es im Alter von 8 Jahren noch möglich, ein klares „Nein" ohne ausschweifende Begründungen auszusprechen, kann dies mit 12 kurz vor Beginn der Hochpubertät zu einer unnötigen Verhärtung der Fronten führen.

Gegen Ende der Vorpubertät haben einseitige Vorgaben der Eltern ausgedient. Es gilt eine gemeinsame Lösung bei Konflikten zu finden. Die Jugendlichen sollten sich verstanden und wertgeschätzt fühlen. Dies stärkt das durch die körperlichen Veränderungen angekratzte Selbstvertrauen.

TIPP: Machen Sie sich vor Gesprächen mit Ihren Kindern noch einmal klar, dass das Urteilsvermögen Ihrer eigenen Kinder gewachsen ist. Gehen Sie mit dieser inneren, toleranten Einstellung in jedes Gespräch. Jugendliche sind in der Lage, sich ihre eigene Meinung zu bilden, selbst wenn es eine Meinung ist, die Sie als Eltern nicht teilen. Kindern stehen in der Schule und in den Medien eigene Wissensquellen zur Verfügung, die ihr Urteil beeinflussen. Dies ist im Falle der Medien nicht immer von Vorteil, aber eine Tatsache. Versuchen Sie, mit Ihrem Kind auf Augenhöhe und respektvoll miteinander zu kommunizieren.

Obwohl die Teenager auf der Schwelle zum Erwachsenwerden stehen, brauchen sie nach wie vor ihre Eltern. Wichtig ist, dass Sie sich Zeit für Ihr Kind nehmen. Dies bedeutet nicht, dass sie ständig um Ihr Kind kreisen und sich in seiner unmittelbaren Nähe befinden sollten. Im Gegenteil, geben Sie ihm die Möglichkeit zum Rückzug, aber bleiben Sie ansprechbar. Sei es, dass sie sich so oft wie möglich gleichzeitig in Ihrem gemeinsamen zu Hause aufhalten oder sei es, dass Sie zumindest telefonisch immer erreichbar sind.

c) Die Hochpubertät – Mädchen (13 bis 16 Jahre)

Zwischen 13 und 14 setzt bei Mädchen die erste Regelblutung ein, dann werden das Becken und die Hüften breiter, unter den Armen bildet sich ein zarter Flaum. Mit 15 Jahren hat die Brust ihre endgültige Größe erreicht und auch die Menstruation kommt nun regelmäßig. Die Eierstöcke haben mit der Produktion befruchtungsfähiger Eizellen begonnen. Mit 16 Jahren haben die meisten Mädchen einen regelmäßigen Eisprung und sind fruchtbar.

Mädchen durchleben in dieser Zeit eine Achterbahnfahrt der Gefühle zwischen Hochs und Tiefs. Sie ziehen sich gerne in ihr Zimmer zurück oder verschwinden mit Kopfhörern hinter ihrem Handy. Einige finden ihre weiblichen Rundungen furchtbar, andere wiederum setzen sie mit sexy Outfits deutlich in Szene.

TIPP: Lassen Sie Ihrem Kind den Freiraum, sich seine eigene Kleidung auszusuchen. Jede Einschränkung führt zu einem Konflikt, der mit Trotz und verhärteten Fronten endet. Im Zweifelsfall machen Verbote bestimmte Kleidungsstücke erst richtig attraktiv.

Ein besonderes Kleidungsstück möchte ich an dieser Stelle nicht unerwähnt lassen: Es ist der BH. Weder für Mutter noch für die Tochter ist es leicht, den ersten BH-Kauf zu thematisieren oder gar ein Geschäft zwecks Kaufs zu betreten. Folgende Möglichkeiten haben sich in der Praxis etabliert:

Sie kaufen einen Sport-BH oder ein Bustier und legen ihn oder es Ihrer Tochter ins Zimmer. Das Risiko besteht möglicherweise in einem Wutausbruch Ihrer Tochter, die sich überrumpelt fühlt. Oder Sie suchen in einem geeigneten Moment das Gespräch und schneiden das Thema vorsichtig an. Dies funktioniert nur, wenn das Verhältnis zu Ihrer Tochter noch so entspannt ist, dass solche Gespräche überhaupt möglich sind.

Mutter und Tochter Gespräche werden im Verlauf der Pubertät immer schwieriger, weil der Ablöseprozess meist bei der eigenen Mutter beginnt, die viele Mädchen als peinlich oder zu aufdringlich empfinden. Machtkämpfe zwischen Mutter und Tochter sind an der Tagesordnung. Als Mutter hat man kaum eine Chance, es seiner Tochter in dieser Phase recht zu machen.

Einerseits trauern die Mädchen um die verlorene Kindheit und suchen die Nähe der Mutter. Auf der anderen Seite ruft das Erwachsenenleben mit Freiheit und Abenteuer. Das eben noch so liebe Kind kämpft als aufsässige Zicke um Selbstbestimmung an allen Fronten. Der Wechsel zwischen diesen beiden Extremen spiegelt sich täglich wider und zeugt von den dramatischen Veränderungen, die sich im Gehirn und Körper der Mädchen vollziehen. Die Gefühlsausbrüche scheinen sich dabei oft heftiger und schneller zu zeigen als bei Jungen.

Dies liegt auch daran, dass Mädchen traditionell dazu erzogen werden, Gefühle zu zeigen. Jungen werden hingegen eher dazu ermuntert, Gefühle und Schmerzen auszuhalten („Indianer kennen keinen Schmerz“). Bewusst oder unbewusst gehen viele Eltern über

Gefühle von Jungen eher hinweg, während sie Mädchen in ihrer jeweiligen Gefühlslage bestärken. Langfristig profitieren Mädchen von ihrer Fähigkeit, Gefühle zu artikulieren und zu zeigen. In der Pubertät „ergießt“ sich ihre Gefühlswelt nahezu ungebremst und ungefiltert nach außen.

Die Pubertät ist geprägt durch die Spannung, von der eigenen Kindheit Abschied nehmen zu müssen und eine eigene Identität als Erwachsene zu entwickeln.

Gerade diese Identitätsfindung gestaltet sich für Mädchen besonders schwierig. Ihre unmittelbaren Vorbilder sind in der Regel Frauen, die sich zwischen Arbeit und Beruf aufreiben. Anerkennung für diese doppelte Belastung erfahren sie nur selten. Frauen, die beruflich sehr erfolgreich sind, haben oft keine eigene Familie. Keine dieser Rollen ist also sonderlich attraktiv.

Gleichzeitig erleben weibliche Teenager, dass ihre eigene Sexualität sie attraktiv macht, sie aber auch für Übergriffe exponiert. Alle Eltern sorgen sich, wenn ihre Kinder das erste Mal in die Diskothek gehen. Doch bei Mädchen wird meist mehr als bei Jungen darauf geachtet, dass das Kind pünktlich zu Hause ist und wie es überhaupt nach Hause kommt.

Es ist völlig richtig, jedes Kind – egal ob Junge oder Mädchen – zu instruieren, nicht zu Fremden ins Auto zu steigen. Genauso sollten Jugendliche darüber unterrichtet werden, auf Partys oder auch in anderen Situationen nicht Getränke von Fremden anzunehmen oder ihr eigenes unbeaufsichtigt zu lassen, da KO-Tropfen leider ein immer beliebteres Mittel werden, um Jugendliche wehrlos zu machen. Nach meiner Erfahrung thematisieren Eltern das Thema Sicherheit und Schutz vor körperlichen Übergriffen intensiver mit Mädchen als mit Jungen. Eine Frau sein erscheint mit diesen Einschränkungen wenig attraktiv. Der unvermeidliche Abschied von der Kindheit scheint Mädchen daher oft schwerer zu fallen als Jungen. Die Spannungen entladen sich in heftigen emotionalen Schwankungen.

Die Medien produzieren weibliche Vorbilder in Form von Popstars und anderen Sternchen. Meist handelt es sich um Frauen, die mit perfekten Körpermaßen beeindrucken. Mädchen reagieren auf diese Klischees oft extrem. Einige Mädchen lehnen jegliche Weiblichkeit ab. Sie kleiden sich betont männlich und verbringen ihre Zeit lieber mit Jungen. Einige wären sogar lieber Jungen.

Mädchen, die versuchen, die perfekte Figur, Kleidung und Auftreten ihrer Fernsehstars nachzuahmen, setzen sich sehr unter Druck. Denken und handeln kreisen um das Äußere. Sport dient allenfalls dazu, die perfekte Figur zu erhalten. Schulleistungen werden uninteressant und im schlimmsten Fall können die Mädchen eine Essstörung entwickeln.

d) Die Hochpubertät – Jungen (13 bis 16 Jahre)

Mit ungefähr 13 Jahren setzt bei männlichen Teenagern ein Größenwachstum ein. Anders als Mädchen schießen sie nicht in die

Höhe, sondern wachsen langsam über einen Zeitraum von drei Jahren.

Zwischen 14 und 15 haben die meisten Jungen ihre erste Ejakulation. Körper- und Barthaare fangen an zu wachsen. Die Schweißdrüsen bilden sich heraus. Mit 16 Jahren sind auch die meisten Jungen fortpflanzungsfähig, d. h., sie produzieren die ersten reifen Samenzellen.

Zwischen 12 und 15 kommen Jungen in den Stimmbruch, in dem ihre Stimme um ungefähr eine Oktave tiefer wird. Gesicht und Haut verändern sich ebenfalls. Die Gesichtszüge werden kantiger, Nase und Wangenknochen stechen hervor. Viele Jungen leiden unter Akne. Gleichzeitig sinkt das Interesse an der eigenen körperlichen Hygiene. Kind und Wohnhöhle (ehemals Kinderzimmer genannt) stinken nach Testosteron und Schweiß.

Jungen treten gegenüber ihren Eltern und Geschwistern in dieser Phase oft aggressiv auf. Zorn und Wut gegen die Autorität der Eltern entlädt sich bei dem kleinsten Anlass. Ganz im Gegensatz dazu zeigen sie immer wieder kleinkindhaftes Verhalten, werden anhänglich und brauchen Zuwendung. Rebell und kleines Kind teilen sich scheinbar die Persönlichkeit dieses einen Jugendlichen.

Auch bei Jungen lösen die körperlichen Veränderungen seelische Spannungen aus, die sich in einem Gefühls- und Verhaltenschaos äußern. Nachdem Eltern schon im Kleinkindalter diverse Trotzphasen durchleben durften, folgt jetzt das große Finale: die endgültige Ablösung von den Eltern. Abgrenzung und ein übergroßes Bedürfnis nach Liebe wechseln sich ab. Die Suche der Jungen nach einer eigenen Identität wird zu einer Achterbahnfahrt der Gefühle, die für Eltern nur schwer auszuhalten ist.

Eltern sollten in dieser Phase das Loslassen lernen. Die Jugendlichen werden flügge und bereiten sich darauf vor, das elterliche Nest zu verlassen. Gleichaltrige werden zu den wichtigsten Bezugspersonen. Die Heranwachsenden stellen die Autorität der Eltern, aber auch deren Ansichten und Lebensstil infrage. Begleitet wird dieser Prozess von einer unbewussten Angst vor dem Abschied von der eigenen Kindheit.

Mein Tipp: Dieser richtet sich insbesondere an Mütter, die diesen Ratgeber lesen. Nehmen Sie es nicht persönlich, wenn Sie nicht mehr die wichtigste Vertraute im Leben Ihres Kindes sind. Es ist normal, dass die beste Freundin oder der beste Freund in der Pubertät zum wichtigsten Eingeweihten des Kindes werden. Ich weiß, dass das verletzend wirken kann, wenn die eigenen Kinder Sie ignorieren oder Ihnen Informationen nur häppchenweise preisgeben. Auch die stundenlangen Telefonate oder WhatsApp Nachrichten können die geduldigsten Eltern an den Rand des Nervenzusammenbruchs treiben. Dieses Verhalten ist normal und sogar ein gutes Zeichen. Ihr Kind wird erwachsen! Intervenieren sollten Sie nur, wenn die schulischen Leistungen leiden oder die Jugendlichen sich für einen fragwürdigen Freundeskreis entschieden haben.

Mit den körperlichen Veränderungen einhergeht ein steigendes Interesse an Sexualität. Waren die ersten Anzeichen der Fraulichkeit oder Männlichkeit noch peinlich, erleben viele 14- bis 16-Jährige ihre erste große Liebe. Sehr zum Leidwesen der Eltern, die die Partnerwahl des eigenen Nachwuchses nicht immer nachvollziehen können. Unter den sich wandelnden Prioritäten leiden nicht selten die schulischen Leistungen der Kinder, was für neuen Konfliktstoff mit den Eltern sorgt.

TIPP: Sprechen Sie das Thema Verhütung bei Ihren Kindern an. In den meisten Familien thematisieren die pubertierenden Jugendlichen Verhütung und Sexualität nicht von sich aus. Sie sollten daher proaktiv auf Ihr Kind zugehen, ohne sich aufzudrängen. Ein solches Gespräch gelingt, wenn Sie den richtigen Zeitpunkt und den passenden Ton finden, solche sensiblen Themen mit viel Fingerspitzengefühl anzusprechen.

Der richtige Zeitpunkt wird zum einen durch die äußeren Umstände vorgegeben. Hat sich Ihr Kind verliebt, sollten Eltern mit Ihrem Kind – egal, ob Junge oder Mädchen – über das Thema Verhütung sprechen. Wählen Sie für dieses Gespräch einen ruhigen Moment, in dem Ihnen die Atmosphäre entspannt erscheint. Letztlich wird Ihr Bauchgefühl entscheiden, wann ein solcher Augenblick gekommen ist.

Versuchen Sie, nicht belehrend auf Ihr Kind einzureden. Nehmen Sie seinen Standpunkt ernst und drängen Sie Ihrem Kind nicht Ihre eigene Meinung auf. Ich erzähle in solchen Situationen gerne von meinen eigenen Erfahrungen. Das schafft Nähe und eine Gesprächsatmosphäre auf Augenhöhe.

e) Die Nachpubertät (17 bis 24 Jahre)

Die Nachpubertät beginnt mit ungefähr 17 Jahren und kann bis zum 24. Lebensjahr andauern. Die eigentliche Umbruchphase der Hochpubertät liegt hinter den Jugendlichen, die ihre eigene Identität festigen und ihren Platz in unserer Gesellschaft suchen. Mit Abschluss der Nachpubertät haben sie sich endgültig vom Elternhaus gelöst. Die Beziehung zu den Eltern sollte sich zu einem Austausch auf Augenhöhe entwickeln, in der nicht mehr die klassische Erziehung im Vordergrund steht, sondern ein freundschaftliches Miteinander.

Tipp: Dies bedeutet allerdings nicht, dass in Ihrem Haushalt alles erlaubt ist. Plumpe Rhetorik („Solange du deine Füße unter meinen Tisch stehen hast, gelten meine Regeln“) ist zu vermeiden, jedoch sollten Sie bereits in der Pubertät verbindliche Regeln für ein gemeinsames Zusammenleben festgelegt haben. Diese gelten nach wie vor weiter.

Nachpubertät bedeutet nicht, dass sich Ihr Verhältnis zu Ihrem Kind wieder zu dem entwickelt, dass es einmal als Kleinkind war. Weiterhin wird Ihr Kind eigene Wege gehen. Immer wieder wird es Auseinandersetzungen geben, die aber nicht durch ein emotionales Gefühlschaos bei Ihrem Kind hervorgerufen werden, sondern durch unterschiedliche Ansichten oder Lebensentwürfe.

Es handelt sich um Konflikte zwischen Erwachsenen mit verschiedenen Meinungen.

Auch wenn es für Eltern schwer zu akzeptieren ist, haben Sie Ihr Ziel erreicht, wenn Ihr Kind sich zu einer eigenständigen Persönlichkeit entwickelt hat. Konsequenterweise sollte sich der Ablöseprozess Ihres Kindes weiter fortsetzen, indem es nach dem Abschluss seiner Schulausbildung aus dem Elternhaus auszieht. In der Realität sieht es oft so aus, dass die Kinder nicht flügge werden können, weil Ihr Gehalt in der Ausbildung nicht ausreicht, um eine eigene Wohnung oder ein WG-Zimmer zu finanzieren.

Auch Kinder, die studieren wollen, sind finanziell oft nicht in der Lage, sich eine eigene Wohnung zu leisten. So unbefriedigend dies ist, sollten Eltern und frisch gebackene Erwachsene sich gegenseitig Raum geben und respektvoll miteinander umgehen, bis die groß gewordenen Kinder endgültig das heimische Nest verlassen.

Zweites Kapitel:

Die Vorpubertät

1) Wie bereiten sich Eltern und Kinder auf die Pubertät vor?

Spätestens im letzten Kindergartenjahr sprechen besorgte Eltern, insbesondere Mütter, angstvoll über die drohende Vorpubertät. Dabei setzt die Vorpubertät frühestens erst mit 8 Jahren ein. Warum ist dieses Thema in den Köpfen der Eltern so präsent?

Zum einen haben Eltern mit Kindergartenkindern gelernt, dass nichts schneller vergeht als die Zeit mit Kindern. Die drei bis vier Jahre, die Eltern von Fünfjährigen bis zum Einsetzen der Götterdämmerung oder besser Beginn der Vorpubertät bleiben, scheinen nur ein Wimpernschlag zu sein. Zum anderen haben Eltern vor kaum einer Phase in der Entwicklung ihrer Kinder so viel Angst wie vor der Pubertät.

Viele Eltern möchten sich und ihr Kind auf die Pubertät vorbereiten. Doch geht das? Meine persönliche Meinung dazu lautet: „Jein". Die Grundlagen für die Eltern-Kind-Beziehung werden vor der Pubertät gelegt. Die Erziehung eines Kindes kennt von Anfang an nur ein Ziel: Erwachsen werden. Eltern bereiten ein Kind also mehr oder weniger ab der Geburt auf die Pubertät vor. Sie können Rahmenbedingungen schaffen, die in vielen Familien den Pubertätsverlauf günstig beeinflussen. Wahrscheinlich werden Kinder, die bis zum Eintritt in die Vorpubertät in einem stabilen Elternhaus und förderndem Umfeld aufgewachsen sind, gestärkt in das Erwachsenenleben eintreten.

Die Frage müsste also eher lauten:

Wie schaffen Sie ein stabiles Umfeld, in dem Ihr Kind geschützt die Pubertät durchleben kann?

Viele Eltern lesen Ratgeber, um sich auf die Pubertät vorzubereiten. Wissen über die Pubertät ist nützlich, um das Verhalten des eigenen Kindes besser einordnen zu können. Trotzdem kann ich Eltern nur ermutigen, auf ihr Bauchgefühl zu hören. Seien Sie präsent und treffen Sie intuitiv die passenden Entscheidungen!

Auf den folgenden Seiten berichte ich, mit welchen Strategien ich meine Kinder auf die Pubertät vorbereitet habe bzw. mit welchen Methoden ich die Pubertät überlebt habe.

- Stellen Sie klare Regeln auf, deren Einhaltung Sie konsequent einfordern!

Kinder brauchen verbindliche Grenzen, innerhalb derer sie sich bewegen können. Dieser einfache Erziehungsgrundsatz gilt ab dem frühesten Kleinkindalter und behält seine Gültigkeit in der Pubertät. Gerade in der Adoleszenz brauchen Jugendliche Liebe, Sicherheit, Geborgenheit und Wertschätzung. In dieser von

Vertrauen geprägten Atmosphäre sollten sie selbstbestimmt eigene Entscheidungen treffen können.

Selbstbestimmtheit schafft Selbstvertrauen, die wichtigste Grundlage, den Herausforderungen der Pubertät zu begegnen. Gleichzeitig lernt Ihr Kind eigene Entscheidungen zu treffen und die Konsequenzen seines Handelns zu tragen. Sorgen Sie sich nicht, wenn Ihr Kind die ihm gewährten Freiheiten gelegentlich missbraucht. Grenzüberschreitungen sind in der Pubertät normal. Nicht jeder Regelverstoß muss gleich den vollständigen Verlust aller Freiheiten und Privilegien nach sich ziehen.

Haben Sie vor Beginn der Pubertät darauf verzichtet, bestimmte Situationen verbindlich zu regeln, ist die Pubertät der denkbar ungünstigste Zeitpunkt neue Regeln für über Jahre eingefahrene Verhaltensmuster einzuführen. Im Grundschulalter mag es noch funktionieren, in einigen Erziehungsfragen eine andere Tonart anzuschlagen. Mit Beginn der Schule ergeben sich durch den regelmäßigen Schulbesuch und die Hausaufgaben sowieso neue Herausforderungen.

Je älter ein Kind wird, desto schwieriger wird es, neue Regeln einzufordern. Natürlich werden immer neue Situationen eintreten, die sie erzieherisch meistern müssen (zum Beispiel Übernachtungen bei Freunden oder Klassenfahrten), aber bestimmte Regeln sollten ab dem frühesten Kindesalter gelten. Dies sind zum Beispiel:

- Andere Kinder und Erwachsene werden nicht beschimpft.

Disziplinieren Sie sich in diesem Punkt auch selbst. Eltern agieren als Vorbilder. Wer sein Kind anschreit, kann nur schwer einfordern, dass das Kind nicht schreien soll. Wenn Ihnen die Nerven durchgehen und sich Ihre Wut in einer Schimpftirade entladen hat, sollten Sie sich im Nachhinein entschuldigen. Sie sind Ihren Kindern damit ein gutes Beispiel und können Ihre Kinder auffordern, sich zu entschuldigen.

- Es gibt gemeinsame Familienmahlzeiten am Esstisch und nicht vor dem Fernseher. Schaffen Sie eine angenehme Atmosphäre beim Essen! Werten Sie den Esstisch auf, in dem Sie ihn eindecken und dekorieren.

- Kinder gehen jeden Tag morgens in den Kindergarten (oder später in die Schule).

- Bieten Sie Ihrem Kind die Möglichkeit, nachmittags einem Hobby nachzugehen, das ihm Spaß macht und sein Selbstbewusstsein stärkt.

Wenn Sie die für Sie wichtigen Grundlagen des Zusammenlebens bereits im Kleinkindalter klären und durchsetzen, erhöhen Sie die Chance, dass Ihr Kind diese selbstverständlichen Grundregeln in der Pubertät beibehält.

Egal, ob altbekannte oder neu eingeführte Regel, verteidigen Sie Ihre Vorgaben. Ihr Kind findet seine eigene Identität, indem es sich mit Ihnen auseinandersetzt und Grenzen erfährt. Seien Sie konsequent! Das bedeutet, dass Sie Absprachen treffen und für Regelverstöße Konsequenzen aufzeigen, die Sie durchsetzen.

Beispiel: Sie bitten Ihr Kind, seine schmutzige Wäsche wenigstens in den Wäschekorb zu werfen, den Sie im Badezimmer aufgestellt haben. Ihr Kind ignoriert sie über mehrere Tage hinweg. Sie waten in seinem Zimmer durch einen Kleidersumpf. Die logische Konsequenz, (die Sie von Anfang an angedroht haben) ist, dass Sie die schmutzige Wäsche nicht mehr aufsammeln und waschen werden. Ihr Kind muss mit dreckigen Sachen in die Schule gehen.

Zumindest Mädchen lassen sich von dieser Drohung beeindrucken. Bei Jungen wirkt sie erst, wenn sie eine Freundin haben oder gerne eine hätten.

Dieses Beispiel lässt sich auch auf ein nicht aufgeräumtes Zimmer übertragen.

Beispiel: Sie legen fest, dass Ihr Kind vor dem Zubettgehen Spiel- oder Bastelsachen wegräumen soll. Ihr Kind ignoriert wiederholt Ihre Vorgaben. Der Pädagoge Jan-Uwe Rogge empfiehlt in solchen Situationen den „Zaubersack“ , in dem bei wiederholtem „Nicht-aufräumen“ die herumliegenden Spielsachen verschwinden und erst nach einer Zeit wieder herausgeräumt werden dürfen. Ich finde den Ansatz für den Zaubersack bedingt gut. Bastelsachen wie so manche filigrane Kleinteile zerbrechen in dem Zaubersack. Dies ist nur die logische Konsequenz, die Ihr Kind ertragen muss, weil es nicht aufgeräumt hat. Wenn Sie Ihr Kind weiter beschäftigen wollen, werden Sie als Eltern einige Einzelteile nachkaufen müssen. Ab einem bestimmten Preissegment kann Ihr Kind mit seinem Taschengeld die Kaufsumme für die Neuanschaffungen nicht mehr stemmen.

Ich habe die Erfahrung gemacht, dass Eltern Konsequenz in der Kindererziehung als eine der härtesten Herausforderungen empfinden. Wie schaffe ich es, konsequent zu sein? Ich habe für mich selbst einige Kernthemen definiert, bei denen ich keine Kompromisse eingehe (z. B. Hausaufgaben). Andere Themen sehe ich nicht so eng und bin zu flexiblen Lösungen bereit.

Sie können mir Wankelmütigkeit vorwerfen. Meine Erfahrung hat mich gelehrt: Wenn Sie jedes Thema zu einem nicht verhandelbaren Kernthema erklären, führen Sie schnell einen unnötigen Frontenkrieg ein. Außerdem ist es im Alltag schwer, bei wirklich jedem Thema konsequent zu bleiben. Sie selbst müssen schließlich auch überleben.

2) Wie spricht man mit seinem Kind über die Vorpubertät?

Die meisten Ratgeber empfehlen, mit Heranwachsenden bereits in der Vorpubertät über die Pubertät zu sprechen. Nicht immer wird klar, worum es in diesen Gesprächen gehen soll. Körperliche Veränderungen? Veränderte Verhaltensweisen?

Diesen Ratschlag zu befolgen, ist daher gar nicht so einfach. Sicherlich sollen Eltern ihre Kinder über die bevorstehenden körperlichen Veränderungen aufklären. Typische pubertäre Verhaltensmuster („Du schließt dich ständig in deinem Zimmer ein“) abstrakt zu besprechen, empfinde ich als kontraproduktiv. Schnell werden Eltern zu Anklägern und die Kinder zu Angeklagten. Gute Erfahrungen habe ich mit Gesprächen gemacht, in denen Eltern ihre eigene Gefühlslage erklären. „Ich mache mir Sorgen, wenn …“.oder: „Ich finde es gemein, über andere zu kichern und zu tuscheln, weil …“. Im Anschluss daran können Sie fragen, wie sich das Kind fühlt. Sie kommunizieren damit auf einer Ebene und schaffen Vertrauen.

TIPP: Einfacher ist es, mit Kindern schon früh über ihren Körper und dessen Entwicklung zu sprechen. Viele Bücher für ältere Kindergartenkinder thematisieren die Entwicklung des Körpers vom Baby bis zum Erwachsenen. So haben die Stichwörter „Pubertät und Veränderung“ früh platziert, ohne dass das Thema bereits belastet ist.

Aus Erfahrung kann ich sagen, dass Gespräche mit Kindern so unterschiedlich verlaufen können wie die Persönlichkeiten der Kinder. Es gibt Kinder, mit denen Sie leicht eine ruhige Minute finden und eine gemeinsame Ebene herstellen können. Andere sind autarker und sind seltener für Gespräche zu greifen.

Der Gesprächsbedarf der Eltern orientiert sich daran, wie oft das Kind ihm gesetzte Grenzen überschreitet. Da jedes Kind Grenzen auf seine eigene Art und Weise auslotet, variiert auch der Gesprächsbedarf. Ein Kind testet jede Grenze bis zum Äußersten aus und wird schnell aggressiv. Ebenso wie die Konflikte mit diesem Kind schneller eskalieren, laufen auch Gespräche schnell aus dem Ruder.

Das andere Kind ist eher angepasst und reizt Grenzen nur bedingt aus. Seitens der Eltern besteht damit weniger Gesprächsbedarf. Die Unterhaltungen, die sie führen, werden voraussichtlich in entspannter Atmosphäre stattfinden.

Ebenso hat jeder Jugendliche einen eigenen Geschmack in puncto Musik und Kleidung. Bei dem einen dröhnt Death Metall durch die Wohnung, beim anderen ist es Popmusik in einer erträglicheren Lautstärke. Manche Mädchen tragen Röcke, die mehr zeigen, als sie verbergen, die anderen finden ein akzeptables Mittelmaß und tragen dafür Make-up sehr großzügig auf. So unterschiedlich der Konfliktstoff, so unterschiedlich verlaufen die Gespräche mit Ihren Kindern. Der Erfolg eines Gesprächs hängt damit wesentlich mit Ihrem Einfühlungsvermögen als Eltern zusammen.

Folgende Faustregeln für ein gelungenes Eltern-Kind-Gespräch habe ich mir über die Jahre angeeignet:

- Bemühen Sie sich um eine ruhige, sachliche Atmosphäre. Sie sollten mit Ihrem Kind allein sein. Geschwisterkinder haben bei so einem Gespräch nichts zu suchen.
- Übertreibungen, Ironie oder Sarkasmus sind fehl am Platz.
- Finden Sie eine Lösung, die sie beide mittragen können.

- Wärmen Sie keine „ollen Kamellen“ auf. Beziehen sich auf das aktuelle Problem und nicht auf zurückliegende Konflikte.

Auch wenn ich mich über meine Kinder oft aufrege stelle ich fest, dass hinter jedem Problem oder absurd scheinenden Verhalten ein ernstes Anliegen oder Bedürfnis steckt. Versuchen Sie, in Konfliktsituationen dieses Bedürfnis zu erkennen. Möchte Ihre Tochter noch mehr abnehmen, weil Sie unter einem geringen Selbstwertgefühl leidet und sich deshalb zu dick findet? Wird sie in der Schule gehänselt? Überspielt Ihr Sohn mit seinem supercoolen Macho-Gehabe nur seine Unsicherheit? Sobald Sie die Ursache für das Verhalten Ihres Kindes entschlüsselt haben, können Sie den Konflikt „an der Wurzel packen“ und ihn dauerhaft lösen.

3) Kann man den Beginn der Pubertät hinauszögern?

Wann die Pubertät einsetzt, ist zu großen Teilen genetisch bedingt. Leider. Ich finde es leichter, die Pubertät zu akzeptieren, wenn Sie später einsetzt. Das Loslassen eines Kindes wird einfacher, wenn die Kinder größer sind und der Zeitpunkt des Erwachsenwerdens eher mit unseren Vorstellungen übereinstimmt. Genau das Gegenteil ist jedoch der Fall. Kinder kommen immer früher in die Vorpubertät und damit auch in die Pubertät. Bevor wir gemeinsam in das Lamento über moderne Zeiten und schlechte Einflüsse einsteigen, möchte ich Ihre Aufmerksamkeit auf zwei Faktoren lenken, die höchstwahrscheinlich die Pubertät beeinflussen und nicht genetisch bedingt sind. Es handelt sich um die Ernährung und den Medienkonsum. Bei beiden handelt es sich um äußere Einflüsse, die Sie als Eltern beeinflussen können.

a) Ernährung

Es besteht vermutlich ein Zusammenhang zwischen dem Körpergewicht und dem Einsetzen der Pubertät. Die Hormone, die die Pubertät auslösen, steuern auch das Körpergewicht. Jugendliche müssen ein bestimmtes Körpergewicht erreicht haben, um fortpflanzungsfähig zu sein. Bei magersüchtigen Mädchen setzt die Pubertät daher oft verspätet oder gar nicht ein.

Das Robert Koch Institut hat in seiner Kinder- und Jugendgesundheitssurvey (KiGGS) herausgefunden, dass bei übergewichtigen Mädchen die Menstruation durchschnittlich im Alter von 10,4 Jahren einsetzte. Normalgewichtige Mädchen bekamen ihre erste Blutung im Durchschnitt erst mit 10,8 Jahren. Forscher in den USA haben herausgefunden, dass sich die Brüste übergewichtiger Mädchen früher entwickeln als bei Mädchen mit Normalgewicht. Wissenschaftler gehen davon aus, dass das Fettgewebe das hormonähnliche Eiweiß Leptin bildet und damit die Pubertät mit auslöst. Normalerweise beeinflusst Leptin das Hungergefühl eines Menschen. Erreicht der Körperfettanteil im Kinder- und Jugendalter eine bestimmte Konzentration, signalisiert das Leptin dem Hypothalamus, dass der Körper auf die Pubertät vorbereitet ist. Dementsprechend steigt und sinkt der Leptinspiegel vor und nach der Pubertät.

Eine gesunde Ernährung von Kindern ist also enorm wichtig. Ernähren Sie Ihr Kind gesund und fettarm. Achten Sie auf die Kalorien, die die Lebensmittel enthalten.

Fazit: Mit einer gesunden Ernährung sorgen Sie nicht nur für die Gesundheit Ihres Kindes. Möglicherweise können Sie auch verhindern, dass Ihr Kind sehr früh in die Pubertät kommt.

b) Medienkonsum

Experten vermuten, dass der gestiegene Medienkonsum Heranwachsende die Pubertät anders erleben lässt. Die Medien produzieren Idealbilder von Teenagern. Heranwachsende in Kultserien sehen nicht nur fantastisch aus, sie haben auch ab einem gewissen Alter einen Freund oder Freundin. Der erste Kuss verläuft sehr romantisch und das erste Mal (das man natürlich noch zu Schulzeiten erlebt) sowieso.

Dies setzt die Konsumenten dieser Medienbilder, unsere Kinder, unter einen enormen Druck, mit Ihren Idolen aus dem Fernsehen gleichzuziehen. Die Jugendlichen versuchen dabei erwachsen, betont männlich oder sexy auszusehen. Dahinter steht allerdings nicht die Pubertät, sondern der Wunsch, dass in den Medien vorgelebte Idealleben zu führen.

Biologisch gesehen setzt die Pubertät durch den gesteigerten Medienkonsum nicht unbedingt früher ein, es wird für die Teenager und deren Eltern aber immer schwieriger, gelassen durch die Pubertät zu navigieren.

Ich sehe einen hohen Medienkonsum noch aus einem anderen Grund sehr kritisch. Medien präsentieren Vorbilder, das lässt sich nicht vermeiden. Je länger und unkontrollierter Kinder Medien konsumieren, desto größer wird die Bandbreite der potenziellen Vorbilder. Action Helden tummeln sich neben sexy Blondinen und gut aussehenden coolen Familienvätern, die auf der Suche nach einer neuen Beziehung sind. Frauen und deren Töchter sehen sehr gut aus und kleiden sich modern. Männer sind männlich und sportlich.

Serien und Filme präsentieren nicht nur stereotype Hauptdarsteller, sondern geben auch einen bestimmten Alltag und Umgangsformen wieder. In vielen Serien dominiert Gewalt und gilt als einziges Mittel, um Konflikte zu lösen. In Familien leben schrille Typen zusammen, deren Alltag wenig mit einem „Mama und Papa arbeiten und du gehst in die Schule Alltag" zu tun haben.

TIPP: Steuern Sie den Medienkonsum Ihrer Kinder, indem Sie beispielsweise den WLAN-Zugang Ihrer Kinder zeitlich begrenzen. Sie können zwei getrennte WLAN Netze für Kinder und Eltern einrichten. Sprechen Sie mit Kindern über die Folgen, die unbegrenzter Medienkonsum haben kann. Erlauben Sie sich auch, Ihre eigene Meinung zu den Rollenbildern zu äußern, die das Fernsehen vermittelt.

Ein weiterer Nebeneffekt, der durch die Medien vermittelten körperlichen Entwicklung, zeigt sich auf dem Schulhof, wenn 10-jährige Jungen, die selbst noch aussehen wie Drittklässler, Mädchen ohne Busen aufziehen. Ich selbst kenne ein solches Verhalten aus meiner Teenagerzeit nicht und halte es für eine Reaktion auf die in den Medien vermittelten Schönheitsideale. Hier bereitet nicht die immer früher einsetzende Pubertät Probleme, sondern eher die „normal" oder spät einsetzende, die zu einem kindlichen Aussehen führt, dass der in den Medien vorgelebten Weiblichkeit nicht entspricht.

4) Akzeptieren Sie die Pubertät, sie ist wichtig!

Alles ist (wie immer) eine Frage der inneren Einstellung! So abgedroschen das auch klingen mag, Ihre innere Haltung hat maßgeblichen Einfluss darauf, wie schlimm Sie die Pubertät Ihrer Kinder empfinden. Ein Glas kann halb leer oder halb voll sein. Machen Sie sich die Stärken Ihres Kindes bewusst, auch wenn Sie nur Schwächen sehen. Loben Sie Ihr Kind für seine Stärken. Unter Stärken verstehe ich nicht nur seine Leistungen, die es erbringt, sondern auch seine Charaktereigenschaften.

Nehmen Sie das Verhalten Ihres Kindes nicht persönlich. Ihr Kind setzt sich hauptsächlich mit Ihnen auseinander, weil Sie seine Hauptbezugspersonen sind.

Wie jede Phase im Leben Ihres Kindes geht auch die Pubertät vorbei. Rückblickend werden Sie über so manche Eskapade in der Pubertät lachen und der Zeit nachtrauern, in der Ihr Kind noch zu Hause gewohnt hat. Sehen Sie die Pubertät als Chance für sich als Eltern: Sie haben wieder mehr Zeit füreinander und können Ihren eigenen Interessen nachgehen.

5) Gemeinsam für das Kind

Im Laufe der Jahre legen sich viele Eltern bestimmte Erziehungsgrundsätze zurecht. Wir haben uns einen autoritativen Erziehungsstil angeeignet, d. h. wir haben klare Regeln definiert und erfüllen nach bestem Wissen und Gewissen unsere Vorbildfunktion. Wir bemühen uns, die Meinung unserer Kinder zu respektieren und sie in unsere Entscheidungen einzubeziehen. Unsere Kinder müssen viel Eigenverantwortung übernehmen. Gleichzeitig geben wir unseren Kindern so viel Liebe und emotionale Wärme wie möglich. Wir sind dabei keineswegs perfekt, versuchen aber, gemeinsam das Beste für unsere Kinder zu geben.

Wir haben uns unseren Erziehungsstil unwissend angeeignet und dann festgestellt, dass es sich um einen autoritativen Erziehungsstil handelt. Grämen Sie sich nicht, falls Sie sich bisher keine Gedanken über Ihren Erziehungsstil gemacht haben. Im Alltag navigieren alle Eltern anhand ihres Bauchgefühls. Theoretisch können Sie Ihren Erziehungsstil wechseln. Radikale Wechsel dürften nur schwer zu vermitteln sein. Welches Kind versteht es schon, wenn es nach Jahren der antiautoritären Erziehung plötzlich mit einem autoritären Erziehungsstil konfrontiert wird?

In der Pubertät stoßen die meisten Eltern mit ihrer bisherigen Erziehung an ihre Grenzen – wir auch. Teenager missachten Regeln oder beschimpfen ihre Eltern als zu lasch und nachgiebig. Sie als Eltern scheinen nichts mehr richtigzumachen. Die Eltern-Kind-Beziehung wird auf eine harte Probe gestellt. Umso wichtiger ist es, dass Sie bis zum Beginn der Pubertät eine stabile und positive Beziehung zu Ihrem Kind aufgebaut haben. Damit bleiben Sie auch in schwierigen Zeiten ein wichtiger Ansprechpartner für Ihre Kinder.

Mindestens genauso wichtig ist es, dass sich Vater und Mutter in bestimmten elementaren Erziehungsfragen einig sind. Nach außen sollten Sie an einem Strang ziehen, denn Kinder sind Meister darin, ihre Eltern gegeneinander auszuspielen.

Beispiel: Ihre Tochter bittet Sie, die Mutter, um Extra-Taschengeld für einen Besuch auf der Kirmes. Sie sind nicht einverstanden, weil Sie bereits vor zwei Wochen extra Taschengeld bekommen hat. Sie sagen also Nein. Abends hören Sie, wie Ihre Tochter ihren Vater um Geld für die Kirmes bittet und es natürlich auch bekommt. Sie explodieren und stürzen ins Wohnzimmer.

Wie können Sie einen solchen Konflikt umgehen? Sie müssen sich als Eltern gut absprechen. Hilfreich ist es auch, Zuständigkeiten zu verteilen, z. B. Taschengeldfragen regelt nur die Mutter oder der Vater. Bei wichtigen Kernthemen wie Fernsehkonsum, Alkohol oder Zeiten, an denen man zu Hause sein muss, sollten sie untereinander klare Absprachen treffen. Treten Sie Ihrem Kind gegenüber immer als Team auf.

Die Regeln, die Sie als Eltern als elementar festgelegt haben, sollten Sie Ihrem Kind als solche kommunizieren. Falls Ihr Kind nicht einverstanden ist, sollten Sie Ihrem Kind zuhören und es ernst nehmen. Lassen Sie sich nicht auf ausufernde Diskussionen ein. Einige Regeln werden Sie im Laufe der Pubertät dem Alter des Kindes anpassen andere Regeln bleiben nicht verhandelbar. Welche Regeln Sie in welche Kategorie einordnen, bleibt Ihrem gesunden Menschenverstand und Fingerspitzengefühl überlassen.

Wenn Sie als Eltern miteinander die Regeln kategorisieren, sollten Sie folgende Faktoren bedenken:

1. Teenager brauchen Freiheiten, um erwachsen werden zu können.
2. Die Freiheit Ihres Teenagers findet ihre Grenze an den Grenzen anderer (Eltern, Freunde, Nachbarn etc.). Das Eigentum und die Gefühle anderer sind zu respektieren.
3. Stellen Sie bestimmte Regeln zur Diskussion, aber nicht alle.

Klären Sie als Eltern auch untereinander, wie Sie mit Regelverstößen umgehen wollen. Halten Sie sich an Ihre Absprachen, auch wenn es schwerfällt.

Sie sollten sich auch einig sein, wie Sie Ihre Vorbildfunktion gegenüber Ihren Kindern erfüllen wollen. Welche Verhaltensweisen und Charaktereigenschaften erachten Sie als besonders wichtig und möchten Sie als Kernelemente eines respektvollen Miteinanders weitergeben? Wie sollen Ihre Kinder eigene Ziele verfolgen und einen Plan für Ihre persönliche und private Zukunft entwickeln? Diese Verhaltensweisen leben Sie Ihren Kindern vor.

In Ihrem Alltag zeigen Sie Ihren Kindern auch, wie man mit Problemen umgeht. Wie wichtig und erfüllend eine glückliche Partnerschaft und ein Beruf sind, der Spaß macht. Wenn Sie Selbstsicherheit und Zufriedenheit ausstrahlen, vermitteln Sie Ihren Kindern, dass Ihr Lebensstil ein erfolgreicher und nachahmenswerter ist.

Bleiben Sie auf Ihrer Erwachsenenebene und versuchen Sie nicht, sich die Vorlieben und Interessen Ihrer Kinder anzueignen. Bieten Sie Ihrem Kind in der Pubertät Halt und Orientierung, indem Sie Ihrem eigenen Leben Raum geben und dies auch Ihrem Kind signalisieren. Sie mögen mit dieser Haltung egoistisch wirken, aber Kinder brauchen Ihre Eltern als erwachsene Erziehungsberechtigte und nicht als gleichberechtigte Freunde, die jede Laune der Adoleszenz mitmachen. Sobald Ihre Kinder die Pubertät hinter sich gelassen haben, bleiben Sie als Eltern auf dieser Stufe stehen.

Gerade die innere Distanz, die Sie zu den Launen Ihrer Kinder bewahren sollten, kann Sie zu einem gefragten Ansprechpartner für Ihre Kinder qualifizieren. In vielen Fällen ist es besser, zu warten, bis Ihr Nachwuchs Sie wegen eines Problems anspricht, als bevormundend auf ihn zuzugehen.

Beispiel: Sie merken, dass Ihr Kind seit Tagen schlechte Laune hat und sich in seinem Zimmer verkriecht. Statt ständig an die Zimmertür zu klopfen oder beim Abendessen bohrende Fragen zu stellen, ignorieren Sie das Verhalten Ihres Kindes. Stellen Sie, wenn überhaupt, allgemeine Fragen zum Alltag des Kindes und schaffen Sie eine „normale“ Atmosphäre beim Essen.

Als Erziehungsberechtigte eine innere Distanz zu bewahren, bedeutet nicht, seinen Kindern jegliche Freiheit zu gewähren. Auch sollten Sie Ihre Kinder nicht ins offene Messer laufen lassen. Eindeutige Vorgaben, die beide Eltern vertreten, bieten den Rahmen, in dem sich das Kind auslebt. Wie Sie eine Situation einschätzen und wie Sie damit umgehen wollen, hat sehr viel mit Ihrem Fingerspitzengefühl und der allgemeinen Stimmung zu tun. Ist das Verhältnis zu Ihrem Kind sowieso schon angespannt, dürfte Zurückhaltung gefragt sein.

6) Exkurs: Als Eltern und Ehepaar trotz Kindern vereint bleiben

Ob es Ihnen gelingt, als Eltern an einem Strang zu ziehen, hängt auch davon ab, ob Sie es schaffen, als Ehepaar geeint zu bleiben. Viele Ehen reduzieren sich spätestens nach der Geburt des zweiten Kindes auf eine Versorgungsgemeinschaft für das Kind. Eine gemeinsame Linie für die Erziehung Ihrer Kinder finden Sie am besten, wenn Sie in Ruhe über die Entwicklung des Kindes sprechen können. Meist ist ein Elternteil intensiver mit der Erziehung des Kindes betraut, als der andere. Tauschen Sie sich regelmäßig über Vorfälle, Ereignisse oder andere wichtige Umstände im Leben Ihres Kindes aus. So sind Sie in der Lage, sich gegenseitig zu vertreten, d. h. geschlossen nach außen aufzutreten.

7) So meistern Sie als alleinerziehende Mutter die Pubertät

Im folgenden Abschnitt möchte ich auf die besondere Situation alleinerziehender Frauen eingehen. Ich konzentriere mich bewusst auf Mütter, weil ich deren Situation am besten einschätzen kann. Würde ich mich zu alleinerziehenden Vätern äußern, würde ich mich in Mutmaßungen verlieren.

Mütter und Väter erziehen unterschiedlich. Meist übernehmen Mütter in den Familien eine eher traditionelle Rolle, d. h. sie managen den Alltag sowie die Kontakte zu Freunden und koordinieren Freizeitaktivitäten. Väter sind aktiver: Sie machen Ausflüge mit den Kindern oder lassen Drachen steigen.

Wenn Eltern sich scheiden lassen, bleiben die Kinder in der überwiegenden Anzahl der Fälle bei der Mutter. Der Vater ist in der alltäglichen Erziehung kaum bis gar nicht präsent. Seine Rolle in der Erziehung übernehmen die Mütter oder sie entfällt ganz. In jedem Fall wird die alleinerziehende Mutter das Gefühl haben, in der Kindererziehung mehr geben zu müssen. Diese nimmt damit einen noch stärkeren Platz ein, als bei einer klassischen Rollenverteilung in einer intakten Familie.

Fällt die Kindererziehung in ihrer gängigen Form weg, weil die Kinder in die Pubertät kommen, verlieren Alleinerziehende eine Ihrer Hauptaufgaben. Dies bedeutet einen tiefen Einschnitt, den ein Partner nicht kompensiert. Glücklicherweise sind die meisten

Alleinerziehenden berufstätig und haben die Chance, dass Ihre Berufstätigkeit das Vakuum auffüllt, das die Pubertät schafft. Jüngere Mütter haben es leichter, eröffnet Ihnen der Ablösungsprozess die Chance, sich privat und beruflich noch einmal zu verwirklichen.

Wie gut die Mütter, die Ablösung ihrer Kinder verkraften, hängt von der psychologischen Entwicklung der jeweiligen Frau ab. Naturgemäß fällt es depressiven Menschen schwerer, loszulassen, als seelisch stabilen Persönlichkeiten.

Familien stehen vor einer besonderen Herausforderung, wenn die Wechseljahre der Mutter mit der Pubertät des Kindes zusammenfallen. Viele Frauen kommen mit ungefähr 45 Jahren in die Wechseljahre. Die Menopause, die letzte Monatsblutung, beginnt im Durchschnitt mit ca. 51 Jahren und diese hormonelle Umstellung ist erst einige Jahre später vollständig abgeschlossen.

Da heute viele Mütter erst in ihren 30ern Kinder bekommen, fallen Pubertät und Wechseljahre zusammen. Sowohl Heranwachsender als auch die Mutter erleben eine hormonelle Ausnahmesituation, sind gereizt und unausgeglichen. Fehlt ein Vater als ausgleichendes Temperament, geraten Heranwachsende und alleinerziehende Mütter zwangsläufig sehr oft ungebremst aufeinander. Die jeweils eigene hormonelle Umstellung versperrt den Blick für die Situation des anderen.

Tipp: Gönnen Sie sich kurze und längere Auszeiten. Meist genügt schon eine Wellnessbehandlung. Längere Auszeiten, bei denen der pubertierende Quälgeist ein Wochenende oder eine ganze Woche bei Freunden verbringt, werden Ihnen allen helfen, entspannter miteinander umzugehen.

8) Vorbereitung auf das Loslassen

Kann man Loslassen üben? Dies ist eine Frage, die ich wieder mit einem „Jein" beantworte. Sie können sich auf die Zeit ohne Ihr Kind vorbereiten, indem Sie verstärkt an sich denken. Dies gilt für Alleinerziehende genauso wie für zusammenlebende Eltern. Suchen Sie sich ein Hobby, schmieden Sie Pläne für die Zeit, in der Ihr Kind nicht mehr zu Hause wohnt.

Mit dem Erwachsenwerden Ihres Kindes sind sie weniger als Eltern gefragt. Nutzen Sie diesen Freiraum für Ihre eigenen Bedürfnisse. Die Pubertät Ihres Kindes gibt Ihnen die Chance, sich wieder mehr sich selbst und Ihrem Partner zuzuwenden. Damit verhindern Sie das Gefühl von Leere, mit dem manche Eltern konfrontiert sind, sobald ihr Kind ausgezogen ist.

Exkurs zum Thema Hobby

Ich kenne viele Mütter, die sich bedingungslos für ihre Kinder aufopfern, solange sie klein sind. Hobbys und sei es nur ein wöchentlicher Besuch im Fitnessstudio, liegen jenseits des Vorstellbaren. Nach jahrelangem Verzicht fällt es schwer, überhaupt die eigenen Bedürfnisse zu erkennen. Welches Hobby in Betracht käme, ist für einen jahrelangen Hobbyabstinenzler eine kaum zu beantwortende Frage.

Einfacher ist es, wenn Sie in Sachen Hobby am Ball bleiben. Gönnen Sie sich wenigstens einmal in der Woche eine Auszeit von Ihrer Familie, in der Sie Ihren eigenen Interessen nachgehen. Falls Ihr Ehepartner nicht aufpassen kann, lohnt es sich, in einen Babysitter zu investieren. Ein Hobby ist kein Luxus, sondern ein wichtiger Ausgleich zu Ihrem Alltag!

Exkurs zum Thema Berufstätigkeit

Für viele Mütter ist es selbstverständlich, nach der Geburt der Kinder wieder in ihren alten Beruf zurückzukehren. Der ersten Euphorie folgt nicht selten Ernüchterung. Nach wie vor ist es schwer, Familie und Beruf (noch nicht einmal Karriere) zu vereinbaren. Kitaplätze sind auch noch nicht ausreichend vorhanden. In vielen Unternehmen ist es zudem üblich, Teilzeitkräfte als Arbeitnehmer zweiter oder dritter Klasse zu behandeln, die weder in den Genuss einer Gehaltserhöhung noch einer Beförderung kommen.

Spätestens nach der Geburt des zweiten Kindes stellen sich viele Frauen die Frage, ob es sich lohnt, in ihren alten Beruf zurückzukehren. Schnell rechnet sich so manche Mutter (oder das Umfeld) aus, dass es sich finanziell nicht lohnt, an den alten Arbeitsplatz zurückzukehren oder überhaupt berufstätig zu bleiben. Denken Sie bei solchen Rechnungen nicht kurzfristig, sondern langfristig!

Drittes Kapitel:

Mittendrin statt nur dabei – während der Pubertät

Ehe Sie sich versehen, liegt die ruhige Phase der Vorpubertät hinter Ihnen und Sie nähern sich dem Zentrum des Hurrikans, der Pubertät oder auch Hochpubertät genannt.

Zeichneten sich schon vorher Unterschiede im vorpubertären Verhalten von Jungen und Mädchen ab, treten Sie nun klar hervor.

1) Mädchen in der Pubertät – körperliche Veränderungen

Die Hochpubertät, also die „heiße" Phase der Pubertät, beginnt bei Mädchen mit ca. 11 Jahren und endet ungefähr mit dem 16. Lebensjahr. Folgende körperliche Veränderungen zeigen, dass die Hochphase der Pubertät nun eingetreten ist:

Die Schamhaare beginnen zunächst glatt, dann gekräuselt zu wachsen, ebenso wie die Haare unter den Achseln. Als Mutter haben sie diese körperlichen Veränderungen gut im Blick, weil sich Töchter noch vor ihren Müttern ausziehen. Nach meiner Erfahrung sprechen Töchter ihre Mütter auf die ersten Anzeichen der Pubertät von selbst an, sodass sich einfach die Möglichkeit für ein Gespräch ergibt.

Mädchen wachsen Brüste. Ich bin immer wieder erstaunt wie ungeniert Mütter, sich über die wachsenden Brüste ihrer Töchter (einschließlich Bikini Fotos) auf Facebook austauschen. Bedenken Sie bitte, dass Fotos auf Facebook in die Hände Unbefugter gelangen können. Außerdem erfüllen Sie eine Vorbildfunktion. Sie können nicht von Ihren Kindern erwarten, dass sie Facebook & Co mit Bedacht nutzen und selbst sehr persönliche und private Fotos posten.

Nach und nach entwickeln sich die alle primären weiblichen Geschlechtsmerkmale. Im Körperinneren wächst die Gebärmutter in Form einer umgedrehten Birne.

Stimmbruch?! Ja, auch Mädchen kommen in den Stimmbruch. Anders als bei Jungen wird ihre Stimme aber nur um eine Terz tiefer, da ihre Stimmbänder lediglich um 1 bis 3 Millimeter wachsen. Bei manchen Mädchen bleibt der Stimmbruch sogar aus. Die Ursache für dieses Phänomen ist noch nicht abschließend geklärt, die Theorien reichen von „eine Laune der Natur" oder seelische Belastungen in der Kindheit.

Die erste Regelblutung setzt ein und zu Beginn bekommen Mädchen ihre Tage noch sehr unregelmäßig. Es kann etwas dauern, bis die Menstruation regelmäßig kommt.

TIPP: Wie spricht man das Thema Menstruation–Tampon–Binden an?

Ein sensibles Thema für Mutter und Tochter stellt der Themenkomplex „erste Menstruation–Tampon–Binden“ dar. Nach dem Abendessen unvorbereitet die Tochter darauf anzusprechen, halte ich für denkbar ungünstig. Ich habe gute Erfahrung damit gemacht, Mädchen mit dem Thema „Periode“ aufwachsen zu lassen. Sie sollten ihre eigenen Binden und Tampons nicht verstecken. Wenn Ihre Kinder Fragen stellen, beantworten Sie sie dem Alter entsprechend. Gegen Ende der Grundschulzeit können Sie auf Fragen detaillierter eingehen. Hinzukommt, dass in den meisten Bundesländern Sexualkunde bereits in der Grundschule auf dem Lehrplan steht.

Mädchen entwickeln in der Pubertät weibliche Formen, d. h. die Hüften werden breiter. Falls Ihre Tochter in der Pubertät ungelenker wirkt als vorher, besteht kein Grund zur Sorge. Während des Wachstumsschubs ist das völlig normal und hört auch wieder auf.

Die Haut von Teenagern neigt zu Pickeln und Mitessern, die sich mit Mitteln aus der Apotheke oder Drogerie meist gut bekämpfen lassen. Ein Fall für den Hautarzt ist eine ausgeprägte Form der Pubertätsakne, bei der sich viele Eiterpickel oder sogar Knoten unter der Haut bilden. Diese schwere Form der Pubertätsakne kann Narben hinterlassen. Meist heilt Akne spätestens bis zum 30. Lebensjahr aus.

TIPP: Kann Ihr Kind Pubertätsakne vermeiden?

Eine fettreiche Ernährung und wenig Schlaf fördern Akne ebenso wie ein Mangel an frischer Luft und Stress. Wenn Sie es schaffen, dass Ihre Kinder sich relativ gesund ernähren, ausreichend Schlaf bekommen und sich an der frischen Luft aufhalten, können Sie den Verlauf der Akne abmildern.

TIPP: Muss meine Tochter zum Frauenarzt?

Spätestens wenn die erste Regelblutung da ist, fragen sich Eltern, ob ihre Tochter zum Frauenarzt gehen muss. Die Literatur empfiehlt in folgenden Fällen einen Besuch beim Frauenarzt:

- Wenn Sie mit 14 Jahren noch keinerlei Anzeichen erkennen können, dass Ihre Tochter in die Pubertät kommt.
- Bei starken Regelschmerzen.
- Wenn die Monatsblutung auch nach einem halben Jahr immer noch sehr unregelmäßig kommt.
- Wenn Ihre Tochter die Antibaby-Pille nehmen möchte.

In allen anderen Fällen können Sie Ihrer Tochter anbieten, sie zum Frauenarzt zu begleiten. Oft bevorzugen es Mädchen, wenn sie die beste Freundin zum Frauenarzt begleitet. Möchte Ihre Tochter nicht zum Frauenarzt, lässt sich daran wenig ändern. Sie können sie nicht zwingen. Wenn Ihre Regelschmerzen unerträglich werden oder sie die Antibaby-Pille haben möchte, wird sie vermutlich von selbst einen Frauenarzt aufsuchen.

Die Dauer der Hochpubertät variiert von Kind zu Kind. Durchschnittlich sind die körperlichen Veränderungen mit ungefähr 16 Jahren abgeschlossen. Ihrer Tochter wird ihr veränderter Körper immer vertrauter. Sie fokussiert sich auf ihre eigene Persönlichkeitsentwicklung und plant ihre Zukunft.

2) Mädchen in der Pubertät – Änderungen im Verhalten

Die Bandbreite des typischen pubertären Verhaltens von weiblichen Teenagern reicht von streitlustig-rebellisch bis abgestumpft und ablehnend. Wie jede Heranwachsende testen Mädchen Grenzen aus. Die körperlichen Veränderungen bedingen, dass sich Mädchen verstärkt mit ihrer eigenen Sexualität auseinandersetzen. Kritisch beäugen sie ihren eigenen Körper und ziehen Vergleiche zu anderen Gleichaltrigen, aber auch zu Vorbildern in den Medien.

Mädchen verstecken ihre neuen Rundungen entweder unter einem langen Schlabberpulli oder betonen ihre körperlichen Veränderungen in engen sexy Outfits. Viele Mädchen interessieren sich für Mode und Kosmetik, andere geben sich betont jungenhaft und lehnen ihren weiblichen Körper ab.

Mit dem Wunsch nach Freiheit wächst das Bestreben, möglichst erwachsen zu wirken und als gleichberechtigt behandelt zu werden. Viele Mädchen möchten daher als Frau wahrgenommen werden und wählen sowohl Make-up als auch Kleidung so, dass sie mehrere Jahre älter wirken. Orientierung bieten weibliche Stars und Sternchen, die Mädchen nachahmen und bewundern. Aber auch ältere Mädchen aus der Schule oder Nachbarschaft können Vorbildcharakter haben.

Wichtige Bezugspersonen sind in dieser Zeit die Mitglieder der Clique, um deren Anerkennung pubertierende Mädchen ringen. Wer dazugehören will, muss über entsprechende Statussymbole wie teure Smartphones verfügen oder dem Kleidungsstil der Gruppe folgen.

TIPP: Wie gehen Sie mit den teuren Extrawünschen Ihrer Kinder um?

Unbegrenzter Konsum ist keine Lösung, völlige Ignoranz gegenüber den Wünschen des Nachwuchses auch nicht. Die meisten Familien verfügen weder über die finanziellen Mittel noch den Willen, dem eigenen Kind jeden teuren Extrawunsch zu erfüllen. Auf der anderen Seite entwickelt sich nicht nur innerhalb des Freundeskreises, sondern auch in der Schulklasse ein bestimmter Standard in puncto Statussymbolen. Ein Smartphone gehört heute zur Grundausstattung eines Teenagers. Jugendliche, die sich in ihrer Kleidung stark von ihren Klassenkameraden unterscheiden, riskieren, ausgegrenzt zu werden. Angesagte Kleidungsstile völlig zu ignorieren ist also auch keine Lösung.

Jugendliche mit guten schulischen Leistungen können sich mit Nebenjobs Geld dazuverdienen. Bei schlechten Noten verfügen die Heranwachsenden meist über keine zeitlichen Kapazitäten, um ihr Taschengeld aufzubessern. Dies bedeutet in der Regel Verzicht auf einige Extrawünsche, andere wiederum können erfüllt werden. Tipp: Was tun Sie, wenn die Clique einen schlechten Einfluss auf Ihre Tochter hat? Zunächst einmal sollten Sie sich mit einem Dritten über den Freundeskreis Ihrer Tochter austauschen. Teilt diese dritte Person Ihre Meinung? Was genau stört Sie an den Freunden Ihrer Tochter? Sie können den Freundeskreis Ihres Kindes nicht ändern. Je offener Sie die Freunde Ihrer Tochter ablehnen, desto attraktiver werden sie. Verbotenes wird erst interessant! Die Folge wird höchstwahrscheinlich eine völlige Blockadehaltung Ihrer Tochter Ihnen gegenüber sein.

Versuchen Sie zu verstehen, warum Ihre Tochter sich gerade zu diesen Menschen hingezogen fühlt. Mädchen fühlen sich in der Pubertät oft unsicher in ihrer Haut. Sie überspielen ihre Hemmungen, indem sie Erwachsene provozieren. Eine Clique gibt Halt. Außerdem ist es leichter als Gruppe Erwachsene zu provozieren. Das klassische Beispiel sind befreundete Teenager mit Alcopops, die an einem angesagten Treffpunkt in der Stadt zusammen kommen.

Pubertierende Mädchen interessieren sich für Jungen, zeigen dies zumindest zu Beginn der Pubertät nicht zu offen. Die eigene Unsicherheit und die Angst vor Ablehnung überwiegen zu diesem Zeitpunkt noch. Dies ändert sich im Laufe der Pubertät. Der erste Freund kündet von einem weiteren Schritt in Richtung Erwachsenenleben.

3) Jungen in der Pubertät – körperliche Veränderungen

Auch bei Jungen verändert sich der Körper im Laufe der Pubertät: Zu Beginn der Pubertät bilden sich die primären männlichen Geschlechtsmerkmale heraus.

Kurze Zeit später setzt das Wachstum der Schamhaare ein, die sich erst in Form von feinen, glatten Haaren am Penisansatz bilden. Später kräuselt sich das Haar und wird kräftiger. Unter den Achseln wachsen ebenfalls Haare sowie auf der Brust und am Rücken. Das Haarwachstum auf dem Rücken, dem Oberkörper und im Bereich der Schultern ist oft erst mit 30 Jahren abgeschlossen.

Der Penis wird länger und dicker und die Hoden produzieren die ersten Spermien. Zeugungsfähig sind die Spermien meist erst nach einiger Zeit.

TIPP: Sollen Eltern mit Jungen über den ersten Samenerguss sprechen?

Ob und wann Jungen über ihren ersten Samenerguss sprechen, entscheiden die Heranwachsenden selbst. Zu dem Selbstbildnis eines coolen Teenagers gehört es allerdings meistens, wenig über Gefühle und körperliche Veränderungen zu sprechen. Ansprechpartner sind zu dem Thema „Mann werden" die Väter, die naturgemäß über einen Wissensvorsprung gegenüber den Müttern verfügen.

Während der Pubertät wachsen Jungen im Schnitt 10-12 cm pro Jahr. Der Muskelanteil im Körpergewebe erhöht sich und das Bartwachstum setzt ein.

Exkurs: Wie gehe ich als alleinerziehende Mutter mit „Männerthemen“ um?

Jungen brauchen in der Pubertät männliche Bezugspersonen, da nur sie zu den Körperveränderungen des Jungen Tipps geben können. Falls Sie als alleinerziehende Mutter noch Kontakt zu dem Vater des Sohnes haben, ist er gefragt, als Ansprechpartner zur Verfügung zu stehen. Auch Opas und Onkels können Ihrem Sohn mit Rat und Tat zur Seite stehen. Falls Sie innerhalb Ihrer Familie nicht mit männlichen Ansprechpartnern aufwarten können, bitten Sie den Vater des besten Freundes oder der ersten Freundin um Hilfe.

Ein weiteres klassisches Pubertätsthema ist der Stimmbruch: Eine kieksende Stimme am Frühstückstisch fragt, ob der dazugehörige Teenager nach der Schule noch zum Shoppen in die Stadt darf. Hurra, der Stimmbruch ist da! Gott sei Dank verläuft nicht jeder Stimmbruch so dramatisch. Die Bandbreite reicht von leichten „Kieksern“ bis zum unmelodischen Dauerkrächzen. Das Ego von einem extrem durch den Stimmbruch betroffenen Jungen leidet hingegen gewaltig.

In der Pubertät sorgt der höhere Testosteronspiegel dafür, dass sich der Kehlkopfumfang um ca. 40 Prozent vergrößert. Die

Stimmlippen im Kehlkopf werden dicker und verlängern sich von zwölf auf ungefähr zwanzig Millimeter.

Die kieksende Stimme entsteht immer dann, wenn die Stimmlippen unterschiedlich schnell wachsen und sich die eine Stimmlippe dann in einer anderen Tonlage als ihr Gegenspieler befindet. Was wiederum zu den bekannten Pubertätskieksern führt.

Ein abschließender Tipp zum Umgang mit den körperlichen Veränderungen Ihres Teenagers: Schaffen Sie während der Pubertät ein zu Hause, in dem Aussehen und Körperlichkeit nicht die Hauptrolle spielen. Eltern übernehmen eine Vorbildfunktion, indem sie nicht ständig über Kleidung oder Make-up diskutieren. An alle Mütter: Gehen Sie auch mal ungeschminkt aus dem Haus. Betonen Sie, wie wichtig Ihnen innere Werte sind. Machen Sie dem betroffenen Kind klar, dass Stimmbruch & Co. bedeutende Meilensteine auf dem Weg in das Erwachsenenleben sind.

4) Jungen in der Pubertät – Änderungen im Verhalten

Während der Pubertät stehen für Jungen das Kräftemessen und Rivalisieren mit anderen männlichen Teenagern im Vordergrund. Machogehabe und eine bewusst zur Schau gestellte Coolness sollen die Überlegenheit der zukünftigen Männer demonstrieren. Dahinter steckt jedoch oft Unsicherheit und die Angst zu versagen.

TIPP: Ermutigen Sie Ihren pubertierenden Jungen in einen Sportverein einzutreten und an Wettkämpfen teilzunehmen. Siege geben ihm die gewünschten Erfolge über Mitstreiter, gleichzeitig kann er ein eigenes Körpergefühl entwickeln.

So ähnlich die Verhaltensweisen von Jungen in der Pubertät auch sein mögen. In jedem Macho und coolen Möchte-Gern-Mann steckt ein Heranwachsender mit individuellen Bedürfnissen und Ängsten.

Neid und Anerkennung Gleichaltriger sichern Ihrem Teenager Statussymbole wie Smartphones oder Kleidung einer bestimmten Marke. Gleichzeitig vermitteln sie ein Gefühl der Überlegenheit. Genau wie Mädchen möchten pubertierende Jungen zu einer Clique dazugehören und am liebsten der Anführer dieser Gruppe werden.

Der Wunsch nach Anerkennung verführt manche Jugendliche dazu, in Supermärkten oder Kaufhäusern kleinere Diebstähle zu begehen. Insgesamt sind Mutproben ein beliebtes Ritual, um in einen bestimmten Freundeskreis aufgenommen zu werden.

TIPP: Wie sollen Eltern reagieren, wenn ihr Kind klaut? Sie sollten darauf bestehen, dass Ihr Kind das entstandene Unrecht wieder gut macht. Dies bedeutet, dass Sie zusammen in den Laden zurückgehen, es sich bei dem Filialleiter oder Geschäftsinhaber entschuldigen muss und die entwendeten Waren vor Ort bezahlt.

Wird Ihr Kind beim Ladendiebstahl erwischt, bringt die Polizei Ihr Kind nach Hause oder Sie müssen es im Geschäft abholen.

Oft reicht schon diese peinliche Situation einschließlich des damit verbundenen Ärgers aus, Ihr Kind von weiteren Ladendiebstählen abzuhalten. Wird Ihr Kind zum Wiederholungstäter, können die Geschäftsinhaber Strafanzeige erstatten.

In der Pubertät sinkt bei Jungen die Frustrationstoleranz. Dies führt insbesondere bei einigen männlichen Teenagern zu aggressivem Verhalten, mit dem sie die eigene Unsicherheit und Hemmungen überspielen. Meist sichert aggressives Verhalten einen entsprechend hohen Status in der Peer Group und löst so manches Problem (vorübergehend) schnell und effektiv.

TIPP: Wie gehen Sie mit dem aggressiven Verhalten Ihres Sohnes oder Ihrer Tochter um? Nach wie vor ist nicht geklärt, ob Aggression angeboren oder anerzogen ist. Experten sind sich einig, dass sich hinter Aggressionen bestimmte Bedürfnisse verbergen. Dies kann der Wunsch nach mehr Zuwendung, Gerechtigkeit oder Sicherheit sein. Menschen werden aggressiv, um bestimmte Ziele zu erreichen. Wenn es Ihnen gelingt, dieses Ziel, das Grundbedürfnis, hinter dem Verhalten Ihres Kindes zu verstehen, können Sie sein aggressives Verhalten einordnen und eindämmen.

Die Wissenschaft kennt nicht nur die aktive Aggression, sondern auch die passive, bei der der Teenager anstelle zu handeln nichts tut. Menschen, die passiv aggressiv reagieren, verfügen oft nur über ein geringes Selbstvertrauen. Sie schaffen es nicht, ihre Wut aktiv nach außen zu kanalisieren. Ihr Verhalten wirkt nicht selten intrigant.

Wenn Sie das aggressive Verhalten Ihres Teenagers ergründen wollen, können Sie sich folgende „Standardziele“ pubertierender Jugendlicher vergegenwärtigen:

- Jugendliche streben nach Freiheit, die zumindest an der Schulpflicht ihre Grenzen findet. Der tägliche Schulbesuch kann daher Aggressionen auslösen. Ergründen Sie, warum Ihr Kind aggressiv auf den täglichen Schulbesuch reagiert oder ihn sogar verweigert.
- Jugendliche brauchen Zeit und Raum für sich selbst. Dies beinhaltet auch einen gewissen Abstand zu den Eltern. Aggressionen sind ein ideales Mittel, um Distanz zu einem anderen herzustellen. Überprüfen Sie Ihr eigenes Verhalten: Gewähren Sie Ihrem Kind genug Freiraum? Hat Ihr Kind ein eigenes Zimmer mit einer abschließbaren Zimmertür? Trauen Sie ihm zu, alltägliche Herausforderungen alleine zu meistern, oder begleiten Sie es überall mit hin?
- Jugendliche wünschen sich Aufmerksamkeit. Sind Sie für Ihr Kind greifbar, wenn es Sie braucht? Wie oft sind Sie zu Hause? Kann es Sie gut telefonisch erreichen? Gibt es in Ihrer Familie feste Rituale wie zum Beispiel ein gemeinsames Mittagessen am Sonntag, wo Ihr Kind Sie ansprechen kann?
- Jugendliche wollen Eltern, die Position beziehen und präsent sind. Gerade durch aggressives Verhalten erreichen sie, dass Ihre Eltern sich ihnen zuwenden und eine klare Meinung äußern.
- Jugendliche achten sehr genau darauf, gerecht behandelt zu werden. Dies gilt sowohl für die Verteilung von Aufgaben im

Haushalt als auch für die Größe der Geschenke unter dem Tannenbaum.

- Jugendliche wollen Ihren Willen durchsetzen (das wollen sie meiner Erfahrung nach allerdings nicht erst seit dem Teenageralter, sondern von Geburt an). Gestehen Sie Ihrem Kind zu, seinen Willen dort zu bekommen, wo es Ihnen sinnvoll erscheint. Jeder Mensch braucht das Gefühl von Selbstwirksamkeit.
- Jugendliche wollen Respekt. Es gibt kaum ein effektiveres Mittel, sich Respekt zu verschaffen, als aggressives Verhalten. Treten Sie Ihrem Kind gegenüber respektvoll auf. Beschimpfen Sie es nicht und überhäufen Sie es nicht mir Vorwürfen!
- Jugendliche wollen, dass ihre Wünsche ernst genommen werden. Auch wenn Teenager oft verschlossen wirken, achten sie sehr darauf, ob ihre Meinung von den Eltern registriert und ernst genommen wird. Lassen Sie Ihrem Kind den Freiraum, seine eigenen Träume und Ziele zu verwirklichen, auch wenn Sie nicht Ihren Vorstellungen entsprechen.

Last but not least: Bedenken Sie, dass jeder Mensch sich wertgeschätzt fühlen möchte. Jugendliche sind da nicht anders. Sie wollen gerne der Stolz Ihrer Eltern sein und freuen sich über anerkennende Worte.

5) Wie entwickelt sich die Persönlichkeit im Laufe der Pubertät weiter?

Die Entwicklung der Persönlichkeit eines Menschen hängt eng mit der Entwicklung des Gehirns zusammen, die ich unter [...]

dargestellt habe. An dieser Stelle möchte ich noch einmal hervorheben, wie stark äußere Einflüsse die Entwicklung des Gehirns beeinflussen. Einflüsse, die sie als Eltern steuern können.

Jugenderlebnisse prägen die Persönlichkeit des Menschen ein Leben lang, da das Gehirn während der Pubertät besonders aufnahmefähig ist. Fordern und fördern Sie das Gehirn Ihres Kindes mit positiven Eindrücken. Dies können lehrreiche und neue Erfahrungen in der Freizeit oder den Ferien sein. Bieten Sie Ihrem Kind eine anregende Ausbildung, durch die es sich weiter entwickelt. Leider ist es so, dass es in vielen Familien eine gefestigte Grundhaltung gegenüber elterlicher Förderung gibt. Entweder es handelt sich um ein Elternhaus, indem dem Kind sehr viel geboten wird, seien es Besuche der Stadtbücherei, des Theaters oder Sportvereins. Bei dem anderen Extrem überlassen die Eltern das Kind weitestgehend sich selbst und dem Fernseher.

So setzt sich vom frühesten Kindesalter an eine ungute in Spirale in Gang, die sich in der Pubertät kaum noch aufhalten lässt. Ein Kind, das von Anfang an gefördert wurde, startet in die Pubertät mit einer Vielzahl von Interessen, weitere Stimulationen treffen auf ein positives Umfeld. Wohingegen ein Kind, das wenig äußeren Input erfahren hat, sich schwertut, positive Stimulationen von außen überhaupt auf sich wirken zu lassen. Flapsig gesprochen besteht ein hohes Risiko, das ein Kind, das quasi mit dem Fernseher großgezogen wurde, weiter davor sitzen bleibt.

a) Haben die extremen Emotionen und die Risikofreude von Teenagern auch Vorteile?

Insbesondere männliche Teenager neigen in der Pubertät zu besonderer Risikofreude, verbunden mit starken Emotionen. Die Suche nach dem Kick spornt viele Heranwachsende an, zum Teil lebensgefährliche Abenteuer einzugehen. So lebensbedrohlich und unkalkulierbar dieser Wagemut auch scheint, erfüllt er seinen Zweck, indem er es den Jugendlichen erleichtert, sich vom Elternhaus zu lösen. Bei vielen Abenteuern auf sich allein gestellt, bauen sie einen Erfahrungsschatz auf, der sie ein ganzes Leben begleitet.

Indem Jugendliche ihre Grenzen austesten, gewinnen sie ein klares Bild darüber, wer sie eigentlich sind. Dieses Wissen um die eigene Persönlichkeit mit ihren Stärken und Schwächen erleichtert Berufsfindung und Partnerwahl.

Jugendliche, die sich in ihrer Pubertät nicht ausleben durften, holen ihre unterbliebenen Erfahrungen oft später als Erwachsene nach. Diverse Popstars mit Kinderkarrieren haben in den letzten Jahren der Weltöffentlichkeit vorgeführt, wie tragisch sich der Verlust der Pubertät noch im Erwachsenenalter auswirken kann.

b) Werden Jugendliche in der Pubertät dümmer?

Auch wenn die schulischen Leistungen bei vielen Teenagern absinken, bedeutet dies nicht, dass sie dümmer werden. Schülerwettbewerbe demonstrieren eindrucksvoll, zu welchen

Höchstleistungen Heranwachsende fähig sind. In der Pubertät nimmt die Fähigkeit zum abstrakten Denken zu. Dies stellt einen wichtigen Faktor für weitere schulische und berufliche Erfolge dar. Wissenschaftliche Untersuchungen deuten darauf hin, dass die Kreativität des Menschen mit ungefähr 16 Jahren einen Höchststand erreicht. Es scheint nur vielen Jugendlichen nicht zu gelingen, auf diese Ressource zurückzugreifen. Möglicherweise müssten sich hier die pädagogischen Ansätze in der Schule ändern.

c) Warum gehen Jugendliche so spät ins Bett?

Eine weitere pubertäre Verhaltensweise, die Eltern Sorgen bereitet, ist der Schlaf-wach-Rhythmus von Heranwachsenden. Ab dem 10. Lebensjahr gehen Jugendliche immer später ins Bett. Elterlicher Zwang früher zu schlafen, erweist sich als wirkungslos, da der pubertierende Nachwuchs erst zu später Stunde müde wird. Der Körper schüttet das Hormon Melatonin, das die Müdigkeit auslöst, immer später aus. Nach weniger als 7 Stunden Schlaf sind die Jugendlichen müde und unkonzentriert.

Der ständige Schlafmangel wirkt sich ungünstig auf die Gesundheit und Leistungsfähigkeit der Heranwachsenden aus. Kopfschmerzen bis hin zum Schulschwänzen können die Folge sein. Angesichts dieser negativen Auswirkungen des Schlafmangels würde ich Ihnen gerne den ultimativen Tipp geben, wie Sie Ihr pubertierendes Kind früher ins Bett bekommen. Leider bin ich an dieser Stelle ebenso ratlos wie Sie. Sportbegeisterte Jugendliche können sich tagsüber auspowern und sind abends tendenziell dadurch früher müde. In den meisten Fällen gilt: Ruhe bewahren und abwarten, bis die Pubertät vorbei ist!

Schlafforscher fordern, den Schulbeginn nach hinten zu verlagern. Nach meiner Erfahrung verhallen diese Rufe bisher ungehört, wenn man bedenkt, dass viele weiterführende Schulen bereits um 07:45 Uhr anfangen.

6) Im Gespräch bleiben – die Bedeutung der Kommunikation

Bei allen Sorgen und Nöten, die Ihnen die Pubertät bereitet, ist es wichtig, weiter für Ihre Kinder da zu sein. Dazu zählt auch, dass Sie regelmäßig das Gespräch mit Ihrem Nachwuchs suchen. Dies bedeutet nicht, dass Sie sich aufdrängen und Ihr Kind zu einem Dialog zwingen. Unterhaltungen verlaufen dann günstig, wenn es Ihnen gelingt, einen ruhigen Moment mit Ihrem Kind abzupassen, in dem eine vertraute Atmosphäre herrscht.

Die große Herausforderung besteht für Eltern darin, dieses Gesprächsklima herzustellen. Nähe zwischen Ihnen und Ihrem Kind entsteht nicht nur bei Ihnen zu Hause am Esstisch, sondern oft in Situationen, in denen man es gar nicht erwartet. Eine Auto- oder Zugfahrt kann ein solcher Moment sein. Ein gemeinsamer Spaziergang und sei es auch nur zum Supermarkt, bietet sich ebenfalls oft an. Manchmal stehen auch Momente der Gemeinsamkeit, wenn sie mit Ihrem Kind durch Zufall zusammen vor der Eingangstür sitzen und sich die Schuhe anziehen. Wenn Ihr Bauch sagt „jetzt passt es“, verlassen Sie sich darauf.

Teilen Sie während des Gesprächs Ihrem Kind Ihre Beobachtungen und damit verbundene Sorgen mit. Beginnen Sie Sätze daher mit „Ich finde, dass …“ oder „Mir kommt es so vor, als ob, …“. Fragen, mit denen Sie sich vorsichtig an eine Situation herantasten, können ebenfalls gute Türöffner sein. „Wie findest Du eigentlich, …“ oder Vorwürfe wie: „Du machst immer…,“ sind fehl am Platz.

Achten Sie darauf, nicht in einen Monolog zu verfallen, sondern Ihrem Kind Zeit zu geben, seine eigene Meinung darzustellen. Respektieren Sie seine Sicht der Dinge, auch wenn Sie Ihnen abstrus erscheinen mögen. Lassen Sie sich auf Kompromisse ein. Seien Sie in den Gesprächen mit Ihrem Kind authentisch, offen und ehrlich. Dazu gehört auch, zuzugeben, wenn Sie nicht mehr weiter wissen. Ihre eigene Offenheit erleichtert es Ihrem Kind, sich Ihnen gegenüber zu öffnen.

Wenig hilfreich ist es, bestimmte Tatsachen („Eine gute Schulbildung ist so wichtig“) ständig zu wiederholen. Wenn Ihr Kind auf gewisse Sätze nicht reagiert, sollten Sie ergründen, warum das so ist. Beispielsweise können Sie davon ausgehen, dass Ihr Kind weiß, dass eine gute Schulbildung wichtig ist oder Süßigkeiten und Pommes frites dick machen. Die Frage ist, warum geht Ihr Kind nicht gerne zur Schule und macht keine Hausaufgaben? Ist es überfordert? Fehlt ihm die Perspektive für die Zeit nach der Schule? Wird es in der Schule gemobbt? Isst es ständig Süßigkeiten, weil es frustriert ist?

Gerade hinter extremen Verhalten wie Alkohol oder Drogenkonsum verbirgt sich oft ein Hilferuf, auf den Sie als Eltern reagieren müssen. Schuldzuweisungen sind in solch einer Situation fehl am Platz.

Viele Eltern scheuen sich davor, professionelle Hilfe in Anspruch zu nehmen. Dabei kann gerade der neutrale Blick eines Außenstehenden sehr hilfreich sein. Sie können solche Hilfsangebote zunächst auch ohne Ihr Kind in Anspruch nehmen. Vielleicht können Sie in einem Gespräch mit einem entsprechend geschulten Pädagogen einen Ausweg für Ihre Situation finden.

7) Beziehung statt Erziehung: Fürs Erziehen ist es jetzt zu spät!

Experten gehen davon aus, dass die Kindererziehung nur bis zum 12. Lebensjahr erfolgt. Danach besteht zwischen Eltern und Kindern eine Beziehung, in der Eltern versuchen, ihre Kinder positiv zu begleiten.[7]

Eltern in einer klassischen Rolle der Erzieher geben ihren Kindern vor, was richtig und was falsch ist. Nach Freiheit strebende Jugendliche akzeptieren diese Vorgaben nicht mehr und können sich aufgrund eigenen Wissens eine eigenen Meinung bilden, die nicht falsch sein muss. Zudem bewirkt die Identitätskrise während der Pubertät, dass es Heranwachsenden schwerfällt, sich auf andere zu verlassen.

---

7 Elke Hartmann-Wolff, Erziehung ist mi zwölf vorbei, in Focus 27.03.2012

Mit Beginn der Pubertät können Eltern nur auf ihre bisher geleistete Erziehungsarbeit vertrauen und ihren Kindern mehr Freiheiten zugestehen. Eltern wandeln sich vom aktiven Begleiter in allen Lebenslagen zum festen Ankerpunkt im Hintergrund, der Sicherheit und Halt bietet.

Nach meiner Erfahrung stimmt es, dass die klassische Erziehung mit Beginn der Pubertät ausgedient hat. Der große Rahmen für das Verhalten und die Sozialkompetenz des Kindes ist bereits geschaffen. Ich finde allerdings schon, dass es im täglichen Zusammenleben elementare Verhaltensregeln gibt, die Eltern einfordern sollten, bis das Kind ausgezogen ist. Dazu gehört für mich zum Beispiel, das bei gemeinsamen Mahlzeiten (mit jüngeren Geschwistern) kein Alkohol getrunken wird. Auch ein Mindestmaß an Ordnung in öffentlich zugänglichen Bereichen wie Garderobe oder Wohnzimmer erlaube ich mir einzufordern. Die Nichteinhaltung dieser Regeln hat zum Beispiel zur Konsequenz, dass ich auf dem Boden liegende Kleinteile, egal welcher Preisklasse, erst einmal mit dem Staubsauger aufsauge. Herumliegende Schuhe wandern großzügig in den Schuhschrank im Keller.

Ich arbeite hier mit logischen Konsequenzen, die anders als Strafen auf die Ursache des Verhaltens abzielen. Ich bin mir bewusst, dass meine Kinder diese sehr wohl als Strafe empfinden. Trotzdem finde ich sie sinnvoller als eine klassische Strafe, die in keinem Zusammenhang mit dem Verhalten steht („Wenn Du nicht endlich aufräumst, darfst Du eine Woche kein Fernsehen schauen.“). Erstens gehen solchen Strafen meist stundenlange Diskussionen voraus und zweitens sehe ich wirklich keinen Sinn in einer Strafe, die in keinem Zusammenhang mit dem Verhalten steht. Im Falle des Staubsaugers oder dem Wegstellen von Sachen drohe ich die Konsequenz zweimal an und schreite dann zur Tat.

Wie Eltern das Verhalten ihrer Kinder einordnen, hängt maßgeblich von den Erwartungen ab, die Eltern an ihre Kinder haben. Gestehen Sie Ihren Kindern zu, einen eigenen Lebensentwurf zu entwickeln, der von Ihren eigenen Vorstellungen abweicht. So verletzend es auch sein mag, es gibt keine Garantie, dass Eltern mit ihren Kindern ein Leben lang befreundet sind. Sie oder Ihr Kind sind nicht deshalb gescheitert, weil Sie zu Ihrem Kind langfristig eine eher distanziertere Beziehung haben. Nähe kann man nicht erzwingen.

Leider neigen Eltern (ich auch) dazu, Ihre eigene erzieherische Leistung am Erfolg des eigenen Kindes zu messen Ist das Kind gut in der Schule? Womöglich sogar Klassenbester? Erzielt es überdurchschnittliche Erfolge beim Sport? Spielt es ein oder mehrere Musikinstrumente? Welche beruflichen Ziele verfolgt es? Möchte es studieren und später einen sicheren Arbeitsplatz haben? Eltern, die alle diese Fragen mit einem bedingungslosen „Ja“ beantworten können, sind meist sehr zufrieden mit der Entwicklung ihrer Kinder.

Die allerwenigsten Eltern können alle diese Fragen jedoch bejahen. Eltern sollten mit ihrer Erziehung das Ziel verfolgen, ihre Kinder zu glücklichen und zufriedenen Menschen zu erziehen. Dies hat erst einmal wenig mit der Anzahl der Musikinstrumente zu tun, die Ihr Kind spielt. Natürlich ist es nicht von der Hand zu weisen, dass eine bessere Bildung höchst wahrscheinlich ein höheres Einkommen sichert. All dies lässt sich jedoch nicht erzwingen, Sie als Eltern können nur ein bereicherndes Umfeld schaffen, in dem sich Ihr Kind entwickelt.

Viertes Kapitel:

Besondere Herausforderungen in der Pubertät

1) Schulleistungen

Da Konzentration und Motivation während der Pubertät nachlassen, leiden auch die schulischen Leistungen. Die täglichen Hausaufgaben werden dabei zu einem leidigen Kampf zwischen Eltern, insbesondere Müttern, und ihren lernunwilligen Kindern. Kinder, die sich schon seit der Grundschule schwertun, ihre Hausaufgaben zu erledigen, haben meistens besondere Probleme, in der Pubertät ihre Hausaufgaben in Angriff zu nehmen.

Folgende Maßnahmen können den täglichen Frust mit den Hausaufgaben mindern. Ehrlicherweise sollte man sagen, dass die hier aufgeführten Regeln schon seit der Grundschulzeit gelten sollten. Kinder, die erst in der weiterführenden Schule mit diesen Grundsätzen konfrontiert werden, werden sie wahrscheinlich nur schwer akzeptieren.

2) So gelingen die Hausaufgaben: Klare Regeln für die tägliche Pflicht[8]:

Hausaufgaben stellen einen täglichen Streitpunkt dar, den Eltern

8 Julia Schmidt-Jortzig, Elf praktische Tipps gegen den Hausaufgaben-Frust, www.eltern.de

nur dann umgehen können, wenn ihre Kinder eine Ganztagsschule besuchen. Selbst Kinder, die nachmittags in einem Hort betreut werden, kommen oft mit halb fertigen oder ohne Hausaufgaben nach Hause. Folgende Regeln helfen, die Hausaufgaben nicht zu einem täglichen Albtraum werden zu lassen:

- Ihr Kind muss seine Hausaufgaben jeden Tag zu einer bestimmten Uhrzeit erledigen. Die Hausaufgaben werden damit zu einem Ritual, das in den Tagesablauf integriert ist.
- Nach der Schule sollte sich das Kind kurz ausruhen, bevor es seine Hausaufgaben erledigt. Übermüdete Kinder können sich nicht mehr konzentrieren, d. h., auch spät abends ist kein idealer Zeitpunkt für die Hausaufgaben.
- Ihr Kind sollte nicht unter Termindruck stehen, weil sein Tag voller Termine gepackt ist. Gerade auf weiterführenden Schulen müssen Kinder Zeit und Geduld in die Hausaufgaben investieren. Hobbys ja, aber nicht jeden Tag und zu unpassenden Uhrzeiten.
- Schon während der Grundschulzeit sollten Kinder gelernt haben, ihre Hausaufgaben alleine zu erledigen, ohne dass ein Elternteil die ganze Zeit neben ihnen sitzt. In der weiterführenden Schule ist es definitiv völlig unangebracht, wenn Eltern bei den Hausaufgaben ihr Kind ständig intensiv begleiten. Bleiben Sie in der Nähe, d. h., im Haus oder in der Wohnung, wenn Ihr Kind Hausaufgaben macht. Ich weiß, dass es gerade für berufstätige Eltern schwer ist, dies zu realisieren.

Wenn sich die Fronten in Sachen Hausaufgaben stark verhärtet haben, kann eine Hausaufgabenbetreuung in der Schule die richtige Lösung sein. Gut situierte Familien können auch auf eine Kinderfrau zurückgreifen, die die Hausaufgaben mit einer größeren Distanz betreuen kann.

5. Machen Sie die Hausaufgaben nicht anstelle Ihres Kindes oder sagen ihm die Lösung vor. Ihr Kind muss selbstständiges Arbeiten lernen, sonst wird es im späteren Leben scheitern.

3) Nachhilfe

Leiden die schulischen Leistungen, erwägen wohlhabende Eltern, ihren Sprössling zur Nachhilfe zu schicken. Ab wann ist Nachhilfe wirklich erforderlich?

Sie ist dann sinnvoll, wenn

- Ihr Kind Nachhilfe bekommen möchte oder
- die Lehrer Ihres Kindes zu Nachhilfe raten.

Wenn es finanziell möglich ist, würde ich Nachhilfe eher großzügig gewähren. Wenn die Versetzung Ihres Kindes erst einmal gefährdet ist, baut sich ein enorm hoher Druck auf, der das Klima zu Hause noch weiter verschärft. Frühzeitiges Intervenieren bei schlechten schulischen Leistungen wird bei Erfolg (sprich besseren Noten) zur Entspannung des häuslichen Klimas beitragen.

4) Exkurs: Das Für und Wider von Belohnungssystemen

Systematische Hilfe bei widerspenstigen Teenagern, die weder aufräumen, noch Hausaufgaben machen wollen, versprechen Belohnungssysteme. Auf einer Übersicht werden die zu verrichtenden Tätigkeiten aufgeführt. Für jede erledigte Aufgabe malen Sie für Ihr Kind einen Smiley oder ein anderes lustiges Symbol auf die Belohnungstafel. Ab einer bestimmten Anzahl von Symbolen bekommt Ihr Kind ein Geschenk.

Schon die Aussicht auf ein Geschenk setzt im Gehirn den Botenstoff Dopamin frei, der Glücksgefühle auslöst. Dies wiederum erhöht die Motivation. In den USA werden solche Belohnungssysteme sehr häufig eingesetzt. In Deutschland werden sie eher kritisch gesehen.

Verteilen Eltern für selbstverständliche Pflichten wie Hausaufgaben extra Pluspunkte, arbeitet der Nachwuchs nur noch im Gegenzug für eine Belohnung. Dabei soll er doch die Hausaufgaben freiwillig während der ganzen Schulzeit erledigen. Insgesamt haben Belohnungssysteme den Ruf, die Eigenmotivation zu unterbinden. Die Kinder eignen sich eine „Was für eine Belohnung bekomme ich dafür“ Haltung an. Es setzt ein Teufelskreis ein, sodass zum Schluss für die selbstverständlichsten Tätigkeiten ein äußerer Anreiz geschaffen werden muss.

Belohnungssysteme sollten Sie nur einsetzen, wenn Sie eine außergewöhnliche Leistung honorieren wollen. Wenn Ihr Kind in den Ferien für die Schule übt, um während des Schuljahres entstandene Lücken zu füllen oder intensiv im Garten hilft, ist eine Belohnung angemessen.

Überlegen Sie genau, welche Tätigkeiten Sie belohnen wollen. Hat sich das Verhalten verfestigt, sollten Sie die Belohnung langsam abbauen.

Ich halte Belohnungssystem ab einem gewissen Alter für nicht mehr sinnvoll. Für Teenager wirken Smileys oder Sternchen zu kindlich. Ich würde das positive Verhalten eines Teenagers mit Lob bestärken. In der Praxis habe ich meine unlustigen Teenager motiviert, indem ich Ihnen vor der Aufnahme der gewünschten Tätigkeit eine konkrete Belohnung versprochen habe. Oft handelte es sich dabei um eine Sonderauszahlung des Taschengeldes. Ob diese Strategie pädagogisch wertvoll ist, vermag ich nicht zu sagen. Sie hat jedenfalls funktioniert.

Fünftes Kapitel:

Alarmstufe Rot – wenn die Pubertät den Rahmen sprengt

1) Mobbing[9]

a)Definition

Von Mobbing spricht man, wenn ein einzelner Schüler oder eine Gruppe von Schülerinnen und Schülern über Wochen und Monate hinweg von anderen Mitschülern schikaniert wird. Dies ist der Fall, wenn

- das Kind beschimpft oder gehänselt wird,
- es lächerlich gemacht wird,
- man es behandelt, als wäre es Luft oder es immer ausschließt,
- es bedroht oder unter Druck setzt,
- es in einem Raum einsperrt,
- es beklaut oder
- ihm körperliche Gewalt zufügt.

Haben Mitschüler erst einmal angefangen, einen Klassenkameraden zu mobben, nimmt die Schikane ohne Intervention von außen eher zu. Mobbing ist ein Problem, das sich nicht von selbst

9 Laura Backes, Heike Klovert, Swantje Unterberg, Was wirklich gegen Mobbing hilft, www.spiegel.de vom 12.02.2019

löst. Bei Mobbing gibt es immer einen oder mehrere Unterlegene und eine Gruppe von Überlegenen. Ein Streit oder Prügelei unter zwei ungefähr gleichstarken Schülern fällt nicht unter Mobbing.

b) Ursachen

Jedes Kind kann Opfer von Mobbing werden. Allerdings lassen sich bestimmte Persönlichkeitstypen identifizieren, die gehäuft Opfer von Mobbing werden:

- Kinder mit einem geringen Selbstwertgefühl,
- körperlich schwache Kinder,
- ängstliche und unsichere Persönlichkeiten,
- Kinder, die Konflikte vermeiden oder überangepasst sind,
- empfindsame und stille Menschen,
- umgekehrt aber auch Kinder, die erregbar und aggressiv sind und sich nicht in den Klassenverbund einfügen.

Generell sind Schüler, die sich nicht in den Klassenverbund einfügen, gefährdet, Opfer von Mobbing zu werden. Die Gründe, warum sie von der Klassennorm abweichen (aufgrund ihres Äußeren oder ihres Verhaltens) ist dabei egal. Sehr gute und sehr schlechte Schüler werden häufiger zu Mobbingopfern ebenso wie neue Schüler in der Klasse, die sich ihren Platz erst erkämpfen müssen.

Kinder, die finanziell deutlich bessergestellt sind als der Rest der Klasse, sind ebenfalls potenzielle Mobbingopfer. Teure Kleidung oder immer das allerneueste Smartphone rufen schnell Neid hervor, der in Aggression umschlagen kann. Leider hat das Schulklima einen erheblichen Einfluss auf das Entstehen von Mobbing. Ich kann daher gut verstehen, dass sich viele Eltern sehr bemühen, ihr Kind auf ein Gymnasium zu schicken. Dort erhoffen Sie sich ein gemäßigteres Klima als in den anderen Schulformen.

So wie es nicht nur bestimmte Persönlichkeitstypen sind, die als Mobbingopfer geeignet sind, lassen sich auch spezielle Täterpersönlichkeiten identifizieren.

- Täter handeln oft aus purer Langeweile. Sie gestalten durch das Mobbing ihren Schulalltag schlicht und ergreifend interessanter. Täter sind oft in der Schule unter- oder überfordert.
- Sie lassen ihre Wut an dem Mobbingopfer aus, das sich gegen die Angriffe nicht zur Wehr setzen kann und damit neue Angriffe provoziert.
- Schüler mit schwachen schulischen Leistungen werden eher zu Tätern, weil sie damit ihre eigene Unzufriedenheit und ein geringes Selbstwertgefühl aufgrund der schlechten Leistungen kompensieren können.
- Kinder, die in ihrer Familie Gewalterfahrungen machen, werden auch gegenüber anderen eher gewalttätig.
- Wer andere mobbt, ist oft nur wenig konfliktfähig, möchte Macht und Kontrolle über andere ausüben.
- Fremdenfeindlichkeit kann auch ein Grund für Mobbing sein.
- In vielen Fällen waren die Mobbingtäter selbst schon Mobbingopfer.

Ob ein Kind Mobbingtäter oder –opfer wird, hängt entscheidend von der Erziehung des Elternhauses ab. Jugendliche mit einem gesunden Selbstbewusstsein, die sich gut in eine Klasse integrieren können, sind nicht in Mobbing verstrickt. Schul- und Klassenklima können Mobbing ebenfalls verhindern oder erst ermöglichen. Hier sind die Lehrer gefragt, Mobbing entgegenzuwirken.

Um Mobbing zu verhindern, ist es wichtig, dass Sie über das Geschehen in der Schule und im Klassenverbund informiert sind.

TIPP: So bleiben Sie in Sachen Schule auf dem Laufenden: Geben Sie Ihrem Kind nach der Schule Gelegenheit, mit Ihnen über die Schule zu sprechen. Hören Sie ihm zu und fragen Sie nach. So signalisieren Sie Interesse und vermitteln das Gefühl, da zu sein, wenn es sie braucht. Loben Sie Ihr Kind auch, wenn die schulischen Leistungen zu wünschen übrig lassen. Schlechte Noten sollten nicht dazu führen, dass das Selbstbewusstsein Ihres Kindes ins Unermessliche sinkt.

Vermeiden Sie eskalierende Konflikte, sondern zeigen Sie, wie man Konflikte zivilisiert und gewaltfrei lösen kann. Lassen Sie Konflikte erst gar nicht entstehen, indem Sie Konflikte sofort ansprechen und Kompromisslösungen anbieten.

Versuchen Sie, den Freundeskreis Ihres Kindes kennenzulernen. Das ist bei Teenagern nicht immer einfach. Ein offenes Elternhaus, in dem Freunde der Kinder auch ohne Anmeldung einfach vorbeikommen können, kann hilfreich sein. Auch sollten Sie vermeiden, bei Besuchen von Freunden Ihrer Kinder zu kontrollierend zu wirken.

TIPP: Ich habe gute Erfahrungen damit gemacht, meinen Kindern und Ihrem Besuch eine gemeinsame Mahlzeit anzubieten. Das kann ein gemeinsames Mittagessen, Kaffee und Kuchen oder ein Abendessen sein. Dabei gilt, je attraktiver, desto besser. Essen, das gut schmeckt, lässt sich auch ein ober cooler Teenager kaum entgehen. Selbst wenn das Tablett mit dem Kuchen in der Kinderzimmerhöhle verschwindet, bietet wenigstens die kurze Übergabe der Nahrung eine Gelegenheit, die Freunde des Kindes in Augenschein zu nehmen.

Ich biete meinen Kindern immer an, mit Ihnen über die Schule zu sprechen. Mobbing habe ich schon in der Grundschule vor Beginn der Pubertät angesprochen. Wenn Sie mit Ihrem Kind über Mobbing sprechen, sollten Sie ihm klarmachen, dass:

- Mobbing falsch ist.
- Mobbingopfer nicht schwach sind, sondern die Hilfe der anderen Kinder in der Klasse brauchen.
- Es richtig ist, mit den Lehrern zu sprechen, wenn Ihr Kind Mobbing beobachtet.

Eine wichtige Informationsquelle über den schulischen Alltag Ihrer Kinder sind Elternabende. Hier erfahren Sie nicht nur, wie sich Ihr Kind in der Schule entwickelt, sondern bekommen auch ein Gefühl für das Klassenklima.

Woran erkennen Eltern, dass Ihr Kind Opfer von Mobbing geworden ist?

Die Anzeichen, dass Ihr Kind unter Mobbing leidet, können ganz unterschiedlich sein. Ich habe die Erfahrung gemacht, dass man jede dauerhafte Verhaltensänderung bei einem Kind ernst nehmen und die Ursachen erforschen sollte. Dies gilt unabhängig davon, unter welchem Problem Ihr Kind gerade leidet. Hellhörig werden sollten Sie, wenn:

- Ihr Kind Sie wiederholt bittet, es zur Schule zu bringen;
- Nicht mehr zur Schule gehen möchte;
- Krankheiten vortäuscht oder die Schule schwänzt.

Eine anhaltende Verschlechterung der Schulleistungen kann ebenfalls ein Zeichen für Mobbing sein. Generell gilt, wenn Sie das Gefühl haben, dass sich Ihr Kind zu seinem Nachteil entwickelt, sollten Sie die Ursachen herausfinden.

Offensichtlichere Anzeichen sind zerrissene Kleidung oder körperliche Verletzungen, die sich Ihr Kind nur in der Schule oder auf dem Schulweg zugezogen haben kann. Wenn Ihr Kind verzweifelt um mehr Taschengeld bittet oder Sie beklaut, sollten Eltern die Gründe für dieses Verhalten ergründen. Falls Sie den Eindruck haben, dass eine Körperverletzung oder Sachbeschädigung vorliegt, sollten Sie Anzeige bei der Polizei erstatten.

Weniger Kontakte zu Gleichaltrigen, ausbleibende Einladungen zum Geburtstag verbunden mit Kopf- und Bauchschmerzen sowie Schlafstörungen sind ebenfalls ein Zeichen dafür, dass Ihr Kind ein schwerwiegendes Problem mit sich herumträgt. Wenn Sie solche Verhaltensänderungen bemerken, sollten Sie die Lehrer Ihres Kindes informieren und nach Ursachen befragen. Geben Sie nicht auf, auch wenn die Schule zunächst versucht, das Problem zu beschönigen. Eventuell kann auch der Elternbeirat Ihnen hilfreich zur Seite stehen.

Wenn Lehrer Mobbing unterbinden wollen, ist Fingerspitzengefühl gefragt, über das leider nicht jeder Lehrer verfügt. Es ist nicht in jedem Fall sinnvoll, gleich die Eltern des Täters zu informieren, weil sich dadurch der Konflikt noch verschärfen kann.

Nicht jeder Lehrer hat einen Blick dafür, wie es den einzelnen Schülern geht, oder ist in der Lage Mobbing zu erkennen. Teilweise zeigen Lehrer selbst Mobbing ähnliches Verhalten, indem sie sich über schlechte Schüler lustig machen. Nach meiner Erfahrung passt sich das Klima in einer Klasse dem jeweils unterrichtenden Lehrer an. Der eine schafft eine interessante, tolerante Arbeitsatmosphäre, der andere lässt ein lautes, gereiztes Arbeitsumfeld zu, indem sich die Schüler ungehindert unterrichtsfern austoben können.

Ansprechpartner im Falle von Mobbing sind nicht nur die Lehrer, sondern auch die sozialpädagogische Fachkraft an der Schule, die als nicht unmittelbar Beteiligte zwischen den Parteien vermitteln kann. Als pädagogisch geschulter Ansprechpartner kann er oder sie Einzelgespräche führen und dadurch ebenfalls zur Lösung des Problems beitragen.

Falls Ihr Kind über einen längeren Zeitraum gemobbt wird und es nicht gelingt, trotz Intervention das Mobbing zu beenden, sollten Sie die Übergriffe gegen Ihr Kind dokumentieren. Dies hilft Ihnen eventuell, ein Muster hinter dem Mobbing zu erkennen, und kann Ihnen bei einem hoffentlich vermeidbaren Strafprozess nützliche Dienste erweisen.

Ihr Kind sollte lernen, sich zu verteidigen. Damit meine ich nicht, dass es seinerseits Gewalt ausüben sollte. Es sollte sich eine verbale Schlagfertigkeit aneignen. Verschiedene Anbieter bieten Kurse für Mobbingopfer (Stand-up-Training) an, in denen die Kinder Schlagfertigkeit trainieren und so von Beginn an den Tätern keine Angriffsfläche bieten.

Freundschaften sind für alle Kinder von elementarer Bedeutung und bieten einen Schutz gegen Mobbing. Selbst wenn es Ihrem Kind nicht gelingt, innerhalb seiner Klasse Freundschaften zu schließen, sollte es versuchen, außerhalb der Schule zum Beispiel in Vereinen, Freunde zu finden. Freundschaften stärken das Selbstbewusstsein und trainieren die Sozialkompetenz.

Wenn Sie das Gefühl haben, mit der Situation überfordert zu sein, nehmen Sie externe psychologische Beratung in Anspruch. Schließen Sie sich Selbsthilfegruppen betroffener Eltern an. So schmerzhaft es auch sein mag, auch Eltern sind gefragt, bei

Mobbingvorwürfen ihr eigenes Verhalten zu hinterfragen. Wie gehen Sie selbst mit Konflikten um? Haben Sie das Selbstvertrauen Ihres Kindes in der Vergangenheit bestärkt? Wie steht es mit Ihrer eigenen Sozialkompetenz? Sind Gäste bei Ihnen immer willkommen? Haben Sie Ihr Kind in der Vergangenheit ermutigt, Freunde mitzubringen?

Wenn Sie den Eindruck haben, dass Ihr Mobbingvorwurf nicht ernst genommen wird, sollten Sie die Schulleitung und den schulpsychologischen Dienst einschalten. Scheuen Sie sich nicht als Querulanten wahrgenommen zu werden.

TIPP: So sprechen Sie mit Ihrem Kind über Mobbing

Suchen Sie sich einen ruhigen Moment, in dem Sie mit Ihrem Kind alleine sind. Schildern Sie Ihre Eindrücke aus der Ich-Perspektive („Ich habe das Gefühl …"). Signalisieren Sie ihm von Anfang an, dass Sie Zeit haben, Ihrem Kind zuhören und ihm glauben.

Helfen Sie Ihrem Kind, seine eigenen Gefühle zu verstehen, indem Sie gezielt nach seinen Gefühlen fragen. Bewerten Sie die Gefühle Ihres Kindes nicht. Es ist völlig in Ordnung, wenn Ihr Kind Angst hat oder sich schämt. Bieten Sie Ihrem Kind an, ihm zu helfen. Sprechen Sie dabei jeden Schritt, den Sie unternehmen möchten, mit Ihrem Kind ab und geben Sie ihm das Gefühl, die Situation wieder beherrschen zu können. Ermutigen Sie Ihr Kind, eigene Lösungsvorschläge zu entwickeln und es dabei zu unterstützen.

Beschönigen Sie die Situation nicht und versuchen, Ihrem Kind seine Ängste auszureden.

Versuchen Sie in dem Gespräch mit Ihrem Kind, so viele Informationen wie möglich zu bekommen. Wann, wo und wie findet Mobbing statt? In der Schule oder auf dem Heimweg? Wenn sich das Mobbing auf dem Heimweg ereignet, kann Ihr Kind einen anderen Schulweg nehmen oder können Sie es von der Schule abholen? Gibt es sonst eine Möglichkeit dem Täter aus dem Weg zu gehen?

TIPP: Wie verhalte ich mich, wenn mein Kind Mobbingtäter ist?

Eltern erfahren meist erst durch den Klassenlehrer, dass Ihr Kind Täter oder Täterin ist. Als Eltern fühlt man sich tief getroffen, wenn man mit diesem Vorwurf konfrontiert wird. In einer ersten Reaktion neigen Eltern dazu, den Mobbingvorwurf abzustreiten oder das eigene Kind in Schutz zu nehmen. Mobbing ist keine Bagatelle.

Lassen Sie sich von der Schule den Sachverhalt so genau wie möglich erklären: Wann, wo und wie mobbt mein Kind? Signalisieren Sie Gesprächsbereitschaft und bitten Sie den Lehrer Ihres Kindes, dass sie im Gespräch bleiben. Ein direkter Austausch mit den Eltern des Mobbingopfers ist am Anfang nicht zielführend und kann den Konflikt weiter verschärfen.

Auch bei einem Täter sind die Ursachen für das Mobbing zu klären. Ein einfaches Fernseh- oder Computerverbot löst das

Problem nicht dauerhaft. Ihr Kind muss sein schikanierendes Verhalten dauerhaft einstellen.

TIPP: Eltern-Kind-Gespräch mit dem Mobbingtäter

Bleiben Sie sachlich und ruhig. Schildern Sie Ihrem Kind die Vorwürfe und geben Sie Ihrem Kind Zeit, darauf zu reagieren. Versuchen Sie, herauszufinden, warum es seinen Mitschüler oder Mitschülerin mobbt. Stellen Sie klar, dass Sie Mobbing nicht akzeptieren, und drohen Sie mit Konsequenzen, wenn Ihr Sohn oder Ihre Tochter sein Verhalten fortsetzt. Die Konsequenzen sollten mit dem Mobbing in Verbindung stehen. Weisen Sie Ihr Kind darauf hin, dass Sie Kontakt mit dem Klassenlehrer haben und er Sie sofort über weitere Mobbing Vorfälle informieren wird.

In einem Mobbingfall gibt es nicht nur Täter und Opfer, sondern auch eine schweigende Mehrheit, die das Mobbing geschehen lässt. Um das Mobbing zu beenden, sollten die passiven Schüler aktiv Partei für das Mobbingopfer ergreifen. Gehört Ihr Kind zu der passiven Mehrheit, sollten Sie es ermutigen, für das Mobbingopfer einzustehen. Zumindest sollte Ihr Kind Ihnen oder der Lehrkraft von weiteren Mobbingvorfällen berichten. Es handelt sich nicht um Petzen, sondern um Hilfe für einen hilfsbedürftigen Mitschüler.

2) Cybermobbing

Unter Cybermobbing versteht man Mobbing, das im Internet, per E-Mail oder WhatsApp stattfindet. Schüler verbreiten kompromittierende Bilder bei Facebook und Co. oder posten Lügen oder Drohungen mithilfe von Social Media. Aufgrund der großen Reichweite verbreiten sich diese verletzenden Inhalte mit einer sehr hohen Geschwindigkeit und sind nur schwer oder gar nicht aus der virtuellen Welt zu entfernen. Selbst wenn sie gelöscht werden, haben sie zuvor theoretisch mehrere hundert oder Tausende von Menschen sehen können. Ein überaus beschämender und beängstigender Gedanke!

Die Täter können beim Cybermobbing anonym bleiben, obwohl sie nicht selten Straftatbestände verwirklichen. Die Inhalte lassen sich nur löschen, indem Sie die Serviceprovider kontaktieren.

Wie beugt man Cybermobbing vor?

- Verfolgen Sie die Onlineaktivitäten Ihres Nachwuchses!
- Sprechen Sie mit Ihrem Kind über Cybermobbing!

TIPP: Wie kontrolliere ich die Facebook Aktivitäten meines Kindes? Soll ich mir einen eigenen Facebook Account zulegen? Viele Eltern senden Ihren Kindern Freundschaftsanfragen bei Facebook, um so die Onlineaktivitäten ihres Kindes kontrollieren zu können. Ich selbst würde mein Kind persönlich fragen, wie es zu so einer Freundschaftsanfrage stünde. Es ist doch ziemlich offensichtlich, dass man sein Kind kontrollieren möchte. Gerade Heranwachsende brauchen ihren Freiraum. Vertrauen gehört zur Erziehung von Kindern dazu.

Was tun Sie, wenn Ihr Kind Opfer von Cybermobbing geworden ist?

- Sammeln Sie Beweise gegen die Täter und speichern Sie diese auf mindestens einem Speichermedium ab!
- Suchen Sie sich professionelle Unterstützung!
- Sprechen Sie jeden einzelnen Schritt mit Ihrem Kind ab. Aktivitäten hinter seinem Rücken schwächen sein angeschlagenes Selbstvertrauen nur noch weiter.
- Ihr Sohn oder Ihre Tochter sollte auf gar keinen Fall auf den Cybermobbing Angriff reagieren, weil der Täter dies als Bestätigung seines Handelns auffassen wird.
- Laden Sie das belastende Material herunter und senden Sie es an die Eltern des Täters.
- Informieren Sie außerdem die Schulleitung und den Klassenlehrer.
- Beantragen Sie die Löschung des Materials beim Serviceprovider oder Betreiber des Forums.

3) Sollte mein Kind bei Mobbing die Klasse oder Schule wechseln?

Wenn das Mobbing nicht enden will und sich der psychische Zustand des Mobbingopfers weiter verschlechtert, denken viele Eltern über einen Klassen- oder sogar Schulwechsel nach. Das Mobbingopfer kann das für ihn belastende Umfeld verlassen und in einer neuen Klasse von vorne beginnen. Die Situation würde sich entschärfen. Lehrer beurteilen einen Klassen- oder Schulwechsel differenzierter.

Verlässt das Opfer die Klasse, steht der Täter des Mobbings als Sieger dar. Die Botschaft lautet: Ich bin ein Siegertyp, wer sich mir nicht unterordnet, wird genauso gemobbt, wie der Schwächling, der die Schule gewechselt hat. Das Opfer hat nicht gelernt, sich gegen Mobbing zur Wehr zu setzen. Die Mehrheit der passiven Schüler, die das Mobbing geduldet haben, ist froh, sich nicht mehr mit dieser Situation auseinandersetzen zu müssen. Genauso geht es den Lehrern, die sich eines Störfaktors in der Klasse entledigt haben.

Gerechterweise müsste der Täter die Klasse oder Schule wechseln. Die Botschaft lautet in diesem Fall: Diese Schule duldet kein Mobbing. Wir stehen hinter dem Opfer, das als Sieger aus diesem Gefecht hervorgeht.

4) Heranwachsende, die die Schule schwänzen

Kinder, die die Schule schwänzen, sind der Albtraum aller Eltern. Gerade, wenn beide Eltern berufstätig und darauf angewiesen sind, dass die Kinder jeden Tag allein zur Schule gehen. Ein Schulabschluss ist Grundvoraussetzung, um einen Ausbildungsplatz zu bekommen. Eltern, die ihre Kinder nicht zur Schule schicken, können zudem mit einer Geldbuße belangt werden.

Wenn Sie feststellen, dass Ihr Nachwuchs die Schule schwänzt, sollten Sie herausfinden, wie oft er schon dem Unterricht ferngeblieben ist. Es gilt die klassische Regel „Einmal ist keinmal." Schwänzt Ihr Kind wiederholt die Schule, sollten Sie dieses

Verhalten nicht ignorieren. Die Ordnungsbehörden greifen bei wiederholtem Schulschwänzen hart durch. Irgendwann klingelt die Polizei an der Haustür, um Ihren Sprössling persönlich in der Schule abzugeben.

Die häufigsten Gründe für Schulschwänzen sind:

- Mobbing,
- Null-Bock-Haltung verbunden mit dem Austesten der Grenzen in der Pubertät,
- Überforderung und Versagensängste.

Wenn Sie herausfinden, dass Ihr Sprössling die Schule schwänzt, sprechen Sie ihn oder sie direkt darauf an.

Jugendliche schwänzen aus ganz unterschiedlichen Gründen die Schule. Angst vor einer Klassenarbeit oder vor bestimmten Lehrern können ebenso ein Grund sein wie Mobbing oder familiäre Probleme. In der Pubertät haben viele Jugendliche einfach keine Lust auf Schule, verbunden mit dem Bedürfnis Grenzen auszutesten, bleiben sie einfach zu Hause. Null Bock auf Schule eben. Teilweise genießen Schüler, die schwänzen, ein ganz besonderes Ansehen in der Klasse. Die coolen Schüler treffen sich in der Nähe der Schule, rauchen und trinken Alkohol.

Woran erkennen Sie, dass Ihr Sohn oder Tochter die Schule schwänzt?

- Ihr Kind berichtet auch auf Nachfrage nichts mehr aus dem Schulalltag.
- Ihr Kind leidet morgens häufig unter Kopf- oder Bauchschmerzen und möchte nicht zur Schule gehen.
- Ihr Kind riecht nach dem vermeintlichen Schulbesuch nach Zigaretten und Alkohol.

Schüler schwänzen auch dann die Schule, wenn Sie in der Schule gemobbt werden. Kommt Ihr Kind mit stark verschmutzter oder zerrissener Kleidung und Verletzungen nach Hause, spricht einiges dafür, dass es Opfer von Gewalt geworden ist. Schwänzt es im Anschluss daran die Schule, versucht es sich zu schützen. Sprechen Sie Ihr Kind direkt auf Ihren Verdacht an. Gelingt es Ihnen, in einem frühzeitigen Stadium die Ursache, in diesem Fall, Gewalt, für das Schwänzen zu beseitigen, wird sich dieses Verhalten voraussichtlich nicht manifestieren.

5) Sexualität

a) Wie sollten Eltern mit der Sexualität ihrer Kinder umgehen?

Eben waren sie noch kleine Kinder, heute sind es junge Männer und Frauen. Mit der beginnenden Sexualität ihrer Kinder sind Eltern gezwungen, ihr körperliches Verhalten gegenüber ihren Kindern neu zu definieren. Wo verlaufen die Grenzen zwischen normalen Kuscheln zwischen Vater und Tochter oder Mutter und Sohn morgens im Ehebett? Sollten Eltern dieses morgendliche

Ritual ab einem gewissen Alter liebevoll, aber bestimmt unterbinden?

Väter sind für ihre Töchter in der Pubertät ein wichtiger Ankerpunkt, an dem sie sich orientieren können. Väter sind die Personen im Leben eines Mädchens, die die erste männliche Rückmeldung geben und zu ihrem positiven Selbstbildnis beitragen. Gleichzeitig verlieren sie ihre Stellung als einziger Mann im Leben ihrer Töchter an den ersten Freund. Verehrer umschwirren das eigene Kind, das bislang nur den eigenen Vater angehimmelt hat.

Es gilt, wie so oft in der Pubertät, die richtige Mischung zwischen Distanz und Zuwendung zu finden. Nach meiner Erfahrung weisen Töchter mit einem gesunden Selbstvertrauen ihre Väter selbst auf ihre eigenen Grenzen hin, indem sie nicht mehr ins Bett gebracht werden wollen oder die Tür hinter sich abschließen, wenn sie das Bad benutzen.

b) Exkurs: Sexualität in Patchwork Familien

Väter, die ihre leiblichen Töchter zur Frau heranwachsen sehen, verfolgen deren Entwicklung von Kindesbeinen an. Anders sieht es in Patchwork Familien aus, in denen Männer plötzlich zu Vätern einer Tochter in der Vorpubertät oder Pubertät werden. Getrennt lebende leibliche Väter verlieren den täglichen Kontakt zu ihren Töchtern und wissen bei Besuchen nicht so genau, wo die aktuellen Grenzen verlaufen.

Manche alleinerziehende Mutter fühlt sich einsam und ist insgeheim froh, sonntags noch eine Runde kuscheln zu dürfen. Es geht ihr nicht um Sexualität, sondern um körperliche Nähe. Die meisten Jungen fühlen sich irgendwann zu erwachsen, um mit Mama im Bett zu kuscheln, sodass sich das Problem von selbst löst. Wenn nicht, ist die Mutter gefragt, ihre eigenen Söhne auf ihr eigenes Bett zu verweisen.

Eltern sollten sich die entwickelnde Sexualität ihrer Kinder bewusst machen und ihr eigenes Verhalten reflektieren. Setzen Sie Grenzen, wo sie es für nötig erachten! Überspielen Sie ihre Unsicherheit nicht mit flapsigen oder ironischen Bemerkungen. Gerade in der Pubertät, in der Jugendliche sich selbst finden, verletzen Sie Gefühle schneller, als Sie es sich vorstellen können. Lösen Sie durch unüberlegte Worte keine Schamgefühle bei Ihren Kindern aus. Sie sollen das Selbstvertrauen Ihrer Kinder aufbauen und nicht zerstören.

c) Homosexualität

Auch wenn die meisten Eltern glauben, tolerant zu sein, sind sie meist sehr geschockt, wenn sie erfahren, dass das eigene Kind homosexuell ist. In die eigenen latenten Vorurteile mischt sich die Sorge, um die berufliche und persönliche Zukunft des Sohnes oder der Tochter. Wird ihr eigenes Kind stigmatisiert werden? Wie wird es sich entwickeln, wenn ihm das Umfeld leider noch zu oft Unverständnis und Ablehnung wegen seiner sexuellen Orientierung entgegenbringt? Dazu kommt meist noch die Angst vor einem erhöhten Ansteckungsrisiko mit Aids.

Homosexualität ist eine genetische Veranlagung und keine Krankheit. Homosexualität ist nicht heilbar und nicht heilungsbedürftig. In Deutschland leben zwischen 4 und 8 Millionen Homosexuelle. Als Heterosexueller weiß man meist wenig über das Leben von Homosexuellen in Deutschland. Wenn Ihr Kind Sie damit konfrontiert, dass es homosexuell ist, starten Sie an diesem Punkt. Informieren Sie sich über Homosexualität. Machen Sie sich klar, dass Homosexuelle sich nur durch ihre sexuelle Orientierung von Heterosexuellen unterscheiden. Sie leben ansonsten ein völlig normales Leben mit Freunden, eventuell sogar Familie und sind beruflich erfolgreich.

Kinder kostet es oft sehr viel Überwindung, den Eltern zu sagen, dass sie homosexuell sind. Sie fürchten, von den eigenen Eltern abgelehnt zu werden. Haben sich Kinder gerade erst als homosexuell geoutet, sind sie meist selbst noch sehr unsicher. Vermitteln Sie Ihrem Kind, dass Sie es bedingungslos lieben, unabhängig von seiner sexuellen Orientierung. Wenn Sie zunächst geschockt sind, dass Ihr eigenes Kind einen anderen Mann bzw. eine Frau liebt, sollten Sie ihm dies erklären. Ihr Kind wird verstehen, dass Sie eine gewisse Zeit brauchen, sich mit der Situation zu Recht zu finden. Es erwartet wahrscheinlich gar nicht, dass Sie einfach so zur Tagesordnung übergehen können.

Es obliegt Ihrem Kind, mit seinen Freunden, Nachbarn und Mitschülern über seine sexuellen Präferenzen zu sprechen. Ihr Kind wird gekränkt sein, wenn es den Eindruck hat, dass Sie hinter seinem Rücken über es reden. Dies gilt nicht nur für die sexuellen

Vorlieben Ihres Kindes, sondern auch für alles, was Ihr Kind Ihnen persönlich anvertraut.

Wenn Sie das Gefühl haben, dauerhaft mit der Situation überfordert zu sein, suchen Sie sich professionelle Hilfe in einer Selbsthilfegruppe oder einem Psychologen.

Manche Eltern glauben, dass ihr Kind homosexuell ist, trauen sich aber nicht, das Thema offen anzusprechen. Sie können das Thema streifen, indem Sie sich mit Ihrem Partner über ein homosexuelles Pärchen, das Sie angeblich kennengelernt haben, unterhalten. Vermitteln Sie in dem Gespräch, dass Sie Homosexuellen gegenüber positiv gegenüberstehen und Homosexualität für etwas völlig Normales halten. Wahrscheinlich wird sich Ihr Sohn oder Ihre Tochter nicht sofort als schwul oder lesbisch outen. Sie erhöhen die Chance, dass er es nach einer gewissen Bedenkzeit tun wird.

6) Drogenkonsum[10]

Ein drogensüchtiges Kind braucht die Hilfe seiner Eltern, um wieder aus der Sucht herauszufinden. Zerfleischen Sie sich nicht mit Selbstvorwürfen, sondern suchen Sie sich schnell professionelle Unterstützung. Informieren Sie sich fundiert über die Ursachen und Auswege aus einer Drogensucht. Eine Selbsthilfegruppe betroffener Eltern kann Ihnen Halt geben und helfen, Ihre Erfahrungen mit einem drogensüchtigen Kind zu verarbeiten.

10 Folgen von Alkohol- und Drogenkonsum bei Kindern und Jugendlichen, www.neurologen-und-psychiater-im-netz.org

Spätestens wenn die Drogen das Leben des Kindes bestimmen, wird das Kind nicht mehr zur Schule gehen und sein Äußeres vernachlässigen. Die Frage ist, kann ich schon zu Beginn des Drogenkonsums erkennen, dass mein Kind süchtig ist oder werden wird? Die Antwort lautet „Jein". Ich habe den Eindruck, dass Eltern, die präsent sind und ihr Kind oft sehen, schon früh erkennen können, dass sich ihr Kind negativ verändert.

Sprechen Sie mit Ihrem Kind über die Gefahren des Drogenkonsums. Folgende Fragen, können Ihrem Kind helfen, für sich selbst herauszufinden, ob es süchtig nach Alkohol, Drogen oder Computerspielen ist.

1. Kannst du dir selbst Grenzen setzen und hältst du diese auch ein? Dies gilt nicht nur für Drogen, sondern ebenso für Alkohol oder Süßigkeiten.

2. Brauchst du abends einen Joint oder eine Flasche Bier, um überhaupt entspannen zu können?

3. Musst du Drogen konsumieren, um Spaß zu haben?

4. Fungieren die Drogen als Ersatz für soziale Kontakte? Verzichtest du lieber auf ein Treffen mit deinen Freunden, um einen Joint zu rauchen?

Falls Ihr Kind die Mehrheit dieser Fragen mit „Ja" beantwortet, ist es zumindest gefährdet, in die Drogensucht abzurutschen.

Eltern können mit Ihrem Kind einen Weg aus der Drogensucht finden, wenn zwischen Ihnen ein belastbares Vertrauensverhältnis besteht. Oft verlieren sich Eltern und Kind im Verlauf einer Drogenkarriere. Der Umgang mit einem Suchtkranken ist überaus fordernd. Drogensüchtige sind immer auf der Suche nach Geld, um sich Drogen zu beschaffen. Die Geldbörse der Eltern oder sogar Schmuck sind willkommene Geldquellen, an denen sich Drogensüchtige gerne bedienen.

Die Initiative, seine Sucht zu beenden, muss von Ihrem Kind ausgehen. Man kann Drogensüchtige nicht zu einer Therapie zwingen. Leider müssen viele Drogensüchtige erst sehr tief sinken, bevor sie erkennen, dass sie Hilfe brauchen. Erst ein Leben auf der Straße oder eine Gefängnisstrafe sind für viele ein Grund, sich zu ändern. Eltern, die ihren abhängigen Kindern, Geld zukommen lassen, verstärken die Sucht und verhindern eine schnelle Heilung.

Entschließt sich der Suchtkranke zu einer Therapie, liegt eine schwere Zeit vor ihm und seiner Familie. Eine Therapie beginnt mit einem Entzug der Drogen, gefolgt von einer Verhaltens- und Gesprächstherapie. Danach soll der ehemalige Drogensüchtige mithilfe von Sozialarbeitern lernen, sich in seinem normalen Alltag zurechtzufinden. Manchmal ist es hilfreich, das soziale Umfeld zu ändern. Schnell leben alte Kontakte zu den ehemaligen Drogenkumpels wieder auf und ein Rückfall ist vorprogrammiert. Man geht davon aus, dass nicht einmal die Hälfte der Suchtkranken „clean“ bleibt.

7) Computersucht und Gaming

Ich kenne keinen Jugendlichen, der nicht gerne Computerspiele spielt. Ist er oder sie deswegen schon süchtig? Von Computersucht (Internet Gaming Disorder) spricht man, wenn Computerspiele den Alltag dieser Menschen bestimmen. Computersüchtige verbringen den ganzen Tag und weite Teile der Nacht vor ihrem Computer. In der virtuellen Welt der Gamer finden sie Anerkennung und vermeintliche Nähe. Im realen Leben haben sie keine sozialen Kontakte mehr.

Was fasziniert Jugendliche an Computerspielen? Computerspiele ermöglichen es Heranwachsenden, in die Figur eines Helden zu schlüpfen, der über übermenschliche Fähigkeiten verfügt. Anders als in der realen Welt muss sich der Computerheld nicht mit Pickeln, Hänseleien und gebrochenen Herzen herumärgern. Dies gefällt besonders Heranwachsenden, die mit ihrem Äußeren oder unmännlichen Auftreten hadern.

Computerspiele versprechen einen schnellen Gewinn. Leistungen werden sofort belohnt. Wenn man verliert, gibt es eine sofortige Chance zum Neustart. Dies passt in unsere temporeiche Leistungsgesellschaft, in der innerhalb kürzester Zeit Ergebnisse erwartet werden.

Woran erkenne ich, dass mein Kind süchtig nach Computerspielen ist? Sollte Ihr Kind

- keine anderen Freizeitaktivitäten außer Computerspielen kennen,
- sich gedanklich ausschließlich mit den Spielen beschäftigen und
- soziale Kontakte vernachlässigen,

könnte Ihr Kind zumindest Suchttendenzen aufweisen. Spätestens wenn die schulischen Leistungen durch die Computerspiele abfallen und Ihr Kind überaus gereizt oder traurig reagiert, wenn Sie ihm für einen begrenzten Zeitraum verbieten, seinen Computer für Spiele zu nutzen, sollten Sie sich um professionelle Unterstützung kümmern.

8) Depressionen[11]

Das Gehirn ist während der Pubertät volatil und daher anfällig für psychische Krankheiten. Nicht jede Stimmungsschwankung in der Pubertät ist gleich Ausdruck einer psychischen Erkrankung.

Worin unterscheidet sich eine Depression von einer pubertären Entwicklungsschwankung?

Jugendliche gelten als depressiv, wenn

- sie sich zwei Wochen ohne Unterbrechung von ihrem sozialen Umfeld zurückziehen,
- keinen Freizeitaktivitäten mehr nachgehen und
- ungewohnt bedrückt wirken.

11 Gunter Groen, Franz Petermann, Depressive Kinder und Jugendliche, Göttingen 2011

Der soziale Rückzug zeigt sich darin, dass depressive Jugendliche ihr Bett nicht verlassen, nicht zur Schule gehen und den Kontakt zu Freunden abbrechen. Da jeder Liebeskummer eine kleine Depression auslöst, sollten Eltern nicht überreagieren, wenn Ihr Kind sich gerne in seinem Zimmer aufhält. Ihr Kind könnte ernsthaft krank sein, wenn es sein Bett mindestens zwei Wochen lang noch nicht einmal zum Duschen verlässt und sich völlig von der Außenwelt abkapselt.

Für das Entstehen einer Depression sind innere und äußere Faktoren verantwortlich. Kinder depressiver Eltern erkranken häufiger an einer Depression. Kommen zu diesem inneren Faktor noch ungünstige äußere Umstände hinzu, können Depressionen schon im Jugendalter auftreten. Kinder, die in einem schwierigen sozialen Umfeld aufwachsen, haben ein größeres Risiko, psychisch krank zu werden. Häufig ist es die Scheidung der Eltern, die eine Depression auslöst.

Forscher haben herausgefunden, dass traumatische Erlebnisse im Säuglings- und Kleinkindalter langfristige Auswirkungen auf die Psyche haben können.

TIPP: So stabilisieren Sie die Psyche Ihres Kindes. Depressionen lassen sich nicht vollständig verhindern, aber Sie können Rahmenbedingungen schaffen, die die psychische Gesundheit Ihres Kindes stärken. Dazu gehört ein strukturierter Tagesablauf, den Sie von frühester Kindheit an bis zum Erwachsenenalter vorgeben sollten. Jugendliche verlangen mehr Freiraum und Sie werden einem

Teenager kaum vorgeben können, wann er nachmittags zu Kaffee und Kuchen zu Hause sein soll. Sie können feste Mahlzeiten über den Tag hinweg anbieten. Klare Grenzen bieten Ihren Kindern Halt und Orientierung. Kinder, die sich geliebt und akzeptiert fühlen, entwickeln eine stabile Psyche und gesundes Selbstvertrauen.

Eine echte Depression verschwindet nicht mit dem Ende der Pubertät. Auch bei Teenagern muss eine Depression behandelt werden, da sie sich ansonsten manifestiert oder sogar verschlimmert. Wichtig ist, dass Sie die Depression frühzeitig erkennen. Dabei sind nicht nur Sie als Eltern gefragt, das gesamte soziale Umfeld, sollte sensibel mit dem Thema Depression umgehen.

Umstritten ist, ob Depressionen heute häufiger auftreten als früher. Depressionen werden öfter diagnostiziert als noch vor zehn Jahren. Dies kann aber auch daran liegen, dass unsere moderne Gesellschaft sensibler mit dem Thema Depressionen umgeht.

Nicht von der Hand zu weisen ist, dass Smartphones in Kombination mit den Neuen Medien zu nächtelangem Surfen inspirieren. Der bei Pubertierenden ins Wanken gebrachte Tag- und Nachtrhythmus verschiebt sich endgültig zugunsten der nächtlichen Aktivitäten. Schlafstörungen können die Folge sein. Diese wiederum begünstigen die Entstehung von Depressionen. Eine Möglichkeit, dem vorzubeugen, ist ein getrenntes WLAN für Ihren Nachwuchs, das sich ab einer bestimmten Uhrzeit automatisch ausschaltet.

9) Essstörungen

Man unterscheidet drei Formen der Essstörungen: Magersucht, Bulimie und Binge Eating. Meist leiden Mädchen und junge Mädchen an Essstörungen, die getrieben durch die Schönheitsideale aus den Medien und psychischem Druck durch Schule oder Elternhaus, ihren Emotionen durch Essstörungen Ausdruck verleihen.

a) Magersucht[12]

Jugendliche, die an Magersucht erkranken, verlieren massiv an Gewicht. Die Betroffenen hungern sich buchstäblich zu Tode, um einem bestimmten Schönheitsideal zu entsprechen. Magersüchtige Teenager versuchen, ihren Appetit zu unterdrücken und nur kleine Portionen zu essen. Appetitzügler sollen den ständigen Hunger zu verkneifen, Abführ- und Entwässerungsmittel das Gewicht weiter reduzieren.

Objektiv verlieren Magersüchtige immer mehr an Gewicht, sie selbst betrachten sich als zu dick und unterwerfen sich einer strengen Disziplin. Dieses Gefühl der Selbstkontrolle verursacht ein Machtgefühl und die Illusion der Selbstständigkeit. Die betroffenen Heranwachsenden ziehen sich immer mehr aus ihrem sozialen Umfeld zurück.

Wenn Sie den Verdacht haben, dass Ihr Kind an Magersucht leidet, sollten Sie umgehend ärztliche Hilfe in Anspruch nehmen.

---

12 Was ist Magersucht, www.techniker.de

b) Bulimie[13]

Heranwachsende, die unter Bulimie leiden, nehmen Nahrung in sehr großen Mengen auf, um sie dann zu erbrechen. Das Erbrechen wird selbst herbeigeführt, um nicht zuzunehmen. Bulimie folgt häufig einer Magersucht. Äußerlich sind an Bulimie erkrankte Menschen nur schwer zu erkennen, weil sie in der Regel normalgewichtig sind. An Bulimie erkrankte versuchen, nicht nur mit Erbrechen die zugeführten Kalorien wieder loszuwerden, sondern auch die Einnahme von Abführmitteln, Medikamenten und Entwässerungsmitteln. Häufig treiben sie exzessiv Sport.

Mädchen sind deutlich häufiger von Bulimie betroffen als Jungen. Teenager, die an Bulimie erkrankt sind, zeichnen sich durch ein negatives Selbstbild und geringes Selbstwertgefühl aus. Sie haben einen hohen Leistungsanspruch an sich selbst, den sie mit einem sehr schlanken Körper auch bei sich verwirklichen wollen. Sie leiden unter permanenten Versagensängsten, weil sie überhöhte Erwartungen an sich stellen. Den selbst erzeugten Leistungsdruck gleichen sie durch ihre Essattacken aus.

Da die Betroffenen normalgewichtig sind, ist es für Eltern schwer, Bulimie zu erkennen. Im fortgeschrittenen Stadium kann das ständige Erbrechen die Gesichtsform verändern. Um die Krankheit zu verheimlichen, essen Betroffene häufig in unbeobachteten Momenten. Jugendliche, die unter Bulimie leiden, sind meist sehr

13 Bryan-Waugh, R.; Lask, B. Esstörungen bei Kindern und Jugendlichen, Rat und Hilfe für Eltern, Mannheim 2008

ehrgeizig, intelligent und neigen zum Perfektionismus. Sobald sie sich übergeben haben, schämen sie sich und geben sich die Schuld für ihre schwierige Lage.

Eltern können Spuren der Essanfälle in Form von leeren Pizzakartons oder einem leeren Kühlschrank entdecken. Manchmal hören sie durch Zufall durch die geschlossene Badezimmertür, dass sich ihr Kind übergibt. Teilweise werden Freunde auf die Krankheit aufmerksam und sprechen die Eltern darauf an. Auch Lehrer können bei Klassenfahrten die Symptome der Bulimie erkennen. Da genetische Faktoren bei Bulimie eine Rolle spielen, haben die Kinder an Bulimie erkrankter Eltern ein höheres Risiko auch an Bulimie zu erkranken.

Wie alle Essstörungen handelt es sich bei der Bulimie um eine schwerwiegende Erkrankung, die psychologisch behandelt werden muss.

c) Binge Eating Disorder[14]

Menschen, die unter der Binge Eating Disorder leiden, essen riesige Mengen an Lebensmitteln. Sie tun dies nicht täglich, aber bei regelmäßig wiederkehrenden Heißhungerattacken. Menschen, die an Binge Eating leiden, verspüren kein Sättigungsgefühl mehr. Sie essen zu viel, zu fett und sehr zuckerhaltig. Sie bauen Fettgewebe auf und werden übergewichtig.

---

14 M. de Zwan, Binge Eating Disorder and obesity, International Journal of Obesity vom 01. Mai 2001

Menschen mit Binge Eating Disorder essen oft heimlich, weil sie sich für ihre Heißhungerattacken schämen. Übermäßiges Essen ist ihr Weg, bestimmte Emotionen zu verarbeiten. Es sind in der Regel negative Emotionen wie Angst, Trauer, Wut oder Einsamkeit.

10) Selbstzerstörung – Ritzen[15]

Selbstverletzungen, wie schneiden oder ritzen, sind ein in der Pubertät häufig anzutreffendes Phänomen. Die Teenager können ihre Emotionen nicht regulieren und „entspannen" ihre eigene Gefühlswelt, indem sie sich selbst verletzen. Die Anforderungen des Erwachsenenlebens, wie der Beginn einer Ausbildung oder eines Studiums, oder der erste Liebeskummer, setzen die Heranwachsenden so unter Druck, dass sie ihren angespannten Körper aufschneiden, um bildlich gesprochen, „Druck aus dem Kessel lassen".

Teilweise hören die Jugendlichen von selbst wieder auf, sich zu ritzen, wenn die belastende Situation endet, teilweise verselbstständigt sich das Verhalten. Der Drang zur Selbstzerstörung kann eskalieren und in Suizidgedanken münden. Dies gilt es zu erkennen und entsprechend tätig zu werden.

11) Rauschtrinken

Jugendliche in der Pubertät probieren gerne stimulierende Substanzen aus und Alkohol gehört dazu. Dieses Phänomen ist in

15 Kerstin Kotlar, Warum Kinder sich selbst verletzen, www.focus.de vom 09.12.2015

unserer Gesellschaft anerkannt und findet seinen Niederschlag in Traditionen, die Jugendlichen ab einem bestimmten Alter den Alkoholkonsum erlauben. So war und ist es in einigen Familien üblich, dass Heranwachsende nach der Konfirmation mit ungefähr 14 Jahren Alkohol trinken dürfen. Meist geschieht dies schon bei der Familienfeier nach dem Gottesdienst. Nicht selten und von den Eltern toleriert, endet dieser erste Kontakt mit Alkohol in einem ordentlichen Rausch.

Aus solchen gelegentlichen Grenzüberschreitungen muss sich keine Alkoholsucht ergeben. Übermäßiger regelmäßiger Alkoholkonsum verändert die Persönlichkeit, führt zu schulischen Problemen und kann Depressionen begünstigen.

Behalten Sie den Alkoholkonsum Ihrer Kinder im Auge. Misstrauisch werden sollten Sie, wenn:

- Sie den Eindruck haben, dass Ihr Kind immer mehr und öfter Alkohol konsumiert.
- Der Freundeskreis Ihres Sohnes oder Ihrer Tochter viel und regelmäßig Alkohol trinkt (Stichwort Alcopops). Entscheidend kann auch sein, ob der Freundeskreis Ihres Kindes gerne hochprozentigen Alkohol trinkt. Ich kann nach jeder durchzechten Partynacht anhand der leeren Flaschen erkennen, welcher Freundeskreis gefeiert hat. Bei der einen Party finden sich gesellige Kreise von Weinflaschen und einer Anleitung zum Cocktail mixen. Bei der nächsten Party wundere ich mich, wie man so viel Wodka und Rum trinken kann.

- Wie ist die Haltung Ihres Kindes zu Alkohol?
- Greift Ihr Kind gerne zu hochprozentigem Alkohol?
- Braucht Ihr Sohn oder Ihre Tochter Alkohol, um Spaß zu haben oder zu entspannen?

Die Grenze zum Alkoholmissbrauch ist überschritten, wenn:

- die schulischen Leistungen abfallen.
- Ihr Sohn oder Ihre Tochter strafbare Handlungen begeht.
- Ihr Kind nach durchfeierten Nächten regelmäßig einen Filmriss hat, und
- seinen Konsum trotz seiner Probleme nicht einschränken möchte.

Hinterfragen Sie auch Ihren eigenen Alkoholkonsum sehr kritisch. Wenn Sie an mehr als zwei Tagen in der Woche mehr als ein Glas Alkohol (Frau) und als Mann mehr als zwei Gläser Alkohol trinken, befinden Sie sich an der Grenze zur Alkoholabhängigkeit. Bis zum Alter von 20 Jahren sollten Jugendliche deutlich weniger Alkohol trinken. Kinder unter 14 sollten gar keinen Alkohol zu sich nehmen.

Jugendliche aus Familien, in denen regelmäßig Alkohol konsumiert wird, haben ein höheres Risiko alkoholabhängig zu werden als Jugendliche, in deren familiären Umfeld kein Alkohol konsumiert wird. Gleiches gilt für das Einstiegsalter. Kinder, die an einem Glas Bier nippen oder den kleinen Finger in ein Glas Wein tunken dürfen, sind eher gefährdet, Alkoholiker zu werden, als Kinder, denen dies verwehrt wurde.

Der Umgang mit Alkohol wird oft von verschiedenen Generationen in einer Familie unterschiedlich beurteilt. Als Oma und Opa selbst Eltern waren, wurde weitaus weniger kritisch beurteilt als heute. Was also tun, wenn für die Großeltern eine Flasche Wein selbstverständlich zu einem gemeinsamen Mittagessen dazu gehört? Ich habe für meine Familie einschließlich der lieben Verwandtschaft folgende Regel aufgestellt: mein Haus, meine Regeln. Versammelt sich die Familie bei uns zu Hause, verzichten wir auf Alkohol, solange unser Nachwuchs noch wach ist. Besuchen wir Oma und Opa, steht die Flasche Wein eben auf dem Tisch.

12) Ausreißen von Zuhause

Selbst Erwachsene kennen das Gefühl, dass Ihnen alles zu viel wird und sie am liebsten weglaufen würden. Jugendliche erleben dieses Gefühl öfter und intensiver. Wenn irgendwann das Gefühl überhandnimmt „Bis hierher und nicht weiter", reißen die Heranwachsenden von zu Hause aus. Der Entschluss auszureißen entsteht dabei meist spontan, die Jugendlichen empfinden ihre eigene Situation aber schon länger als problematisch.

Die jugendlichen Ausreißer kehren in der Regel schnell wieder nach Hause zurück. Trotzdem sollten Sie als Eltern nicht einfach so zur Tagesordnung übergehen, Ihr Kind benötigt dringend Hilfe. Sie müssen die Ursachen finden, die es dazu bewegt haben, von zu Hause wegzulaufen.

Die Ursachen für das Ausreißen liegen oft in der Familie, weshalb es gerade für Eltern schwierig ist, die Situation zu entkrampfen. Jugendliche Ausreißer neigen zu extremen Handlungen, mit denen die Eltern überfordert sind. Sie reagieren mit Hilflosigkeit und extremen Strafen. Die Jugendlichen fühlen sich unverstanden und brechen aus dieser unerträglichen Situation aus.

Für Eltern realisiert sich mit dem Ausreißen des eigenen Kindes ein Albtraum. Zu der Sorge um das eigene Kind gesellt sich die Erkenntnis, dass ihr Verhältnis zu ihrem Sohn oder Tochter so angespannt ist, dass er oder sie sich nicht ihren eigenen Eltern anvertrauen konnte.

Meist kehren die Jugendlichen schnell von allein wieder nach Hause zurück. Wenn Ihr Kind bei Ihnen auf der Türschwelle steht, überhäufen Sie es nicht mit Vorwürfen oder Strafen. Umarmen Sie es und sagen Sie ihm, wie sehr sie es lieben.

Ich halte es für sinnvoll, in so einem Fall externe Hilfe in Anspruch zu nehmen. Versuchen Sie, den Grund für das Weglaufen herauszufinden. Wenden Sie sich an einen Familientherapeuten. Auch wenn Ihr Nachwuchs nicht an den Therapiesitzungen teilnehmen möchte, können Sie als Eltern ihre eigene Erziehung mit professioneller Unterstützung kritisch reflektieren. Vielleicht gelingt es Ihnen schon allein durch diese Gespräche, Ihre Beziehung zu Ihrem Kind neu aufzubauen. Sobald Ihr Kind Vertrauen zu Ihnen gefasst hat, wird es Ihnen die Gründe für sein Ausreißen erklären.

13) Finanzen[16]

Es ist üblich, Kindern ab dem Grundschulalter Taschengeld zu zahlen. 10- bis 11-Jährige erhalten etwa 15 bis 20 Euro monatlich. Bei 12 bis 13-Jährigen sind es schon ungefähr 25 Euro. 14- bis 15-Jährige können im Schnitt über 35 Euro verfügen. Eltern zahlen 16-Jährigen teilweise bis zu 60 Euro Taschengeld pro Monat.

Mit der Pubertät sollten die dann schon fast erwachsenen Teenager so viel Souveränität im Umgang mit Geld erlangt haben, dass sie problemlos damit umgehen können. Leider tappen gerade Heranwachsende oft in eine Schuldenfalle, aus der sie sich nur schwer selbst wieder befreien können.

Markenkleidung, ein teures Smartphone oder Partybesuche in edlen und angesagten Discos lassen viele Jugendliche mit überzogenen Konten und einem schlechten Gewissen zurück. Sich den Eltern zu offenbaren, ist für den in die Miese geratenen Nachwuchs nicht einfach.

Mein Tipp: Versuchen Sie, die Ausgaben Ihres Kindes im Blick zu behalten. Wenn Ihr Sprössling nahezu jede Woche mit neuer Kleidung am Frühstückstisch sitzt, sollten Sie nachfragen, woher das Geld für die Klamotten stammt. Überlegen Sie sich genau, ab welchem Alter Ihr Kind eine EC-Karte nutzen soll. Barzahlung erleichtert es, den Überblick über Ein- und Ausgaben zu behalten. Sprechen Sie mit Ihren Kindern schon vor der Pubertät über Geld

---

16 Finanzen, www.elternimnetz.de

und die Gefahr von Schulden. Hat Ihr Nachwuchs einen Schuldenberg angehäuft, empfiehlt es sich, die Schuldnerberatung zu konsultieren.

14) Partyexzesse[17]

Nahezu jeder Mensch hat als Teenager ausschweifende Partys besucht, bei denen ein Besuch der Polizei wegen nächtlicher Ruhestörung zum erwünschten Standardritual gehört. Alkohol, Zigaretten und vielleicht auch der eine oder andere Joint zählen ebenfalls zur Standardausrüstung cooler Partys. Erwachsene denken gerne an diese wilde Jugendzeit zurück und erzählen sich von den verrückten Ideen, die sie während ihrer Sturm-und-Drang-Zeit hatten. Es ist also möglich, an wilden Partys teilzunehmen, ohne seine private und berufliche Zukunft aufs Spiel zu setzen. Wann also sollten Eltern sich Sorgen machen?

Meine Leitlinie bei Partybesuchen ist wie bei eigentliche allen Wünschen und Bedürfnissen meiner Kinder: „Alles in Maßen". Natürlich dürfen meine Kinder zu Partys gehen. Ich weiß, dass mit Beginn der Ausbildung oder Besuch der Oberstufe des Gymnasiums auf Partys Alkohol konsumiert wird. Im Zweifelsfall ist es mir lieber, dass der Genuss von Alkohol in den geschützten Räumen eines (anderen) Elternhauses stattfindet und nicht bei den Junkies vom Hauptbahnhof. Wenn ich allerdings das Gefühl habe, dass zu viel hochprozentiger Alkohol die Runde macht oder harte

17 Robert Scholz, Junge Nachschwärmer – mein Kind will Party, www.t-online.de vom 16.07.2009

Drogen im Spiel sind, suche ich das Gespräch. Ich habe das Glück, nach Partybesuchen ein Auge dafür zu haben, wie die Nacht wohl war. Anhand der Augenringe oder der allgemeinen körperlichen Verfassung kann ich ganz gut ablesen, ob sich die Party noch im Rahmen hielt oder nicht.

15) Liebeskummer[18]

Die erste große Liebe des eigenen Nachwuchses ist für Eltern ein aufregendes Ereignis. Wen hat sich der Sohn oder die Tochter wohl ausgesucht? Offene und tolerante Eltern erlauben dem jungen Glück, zu Hause zu turteln. Sie freuen sich mit dem eigenen Sprössling, wenn er verliebt Löcher in den Himmel starrt und verzückt von einem zukünftigen Leben zu zweit schwärmt.

Zerbricht die erste große Liebe, ist Herzschmerz angesagt. Der eben noch von Liebesglück überflutete Teenager verwandelt sich in einen Hummer, der sich in seine Schale (sprich Zimmer) zurückzieht und den geschützten Bau allenfalls zur Nahrungsaufnahme verlässt. Gerne wird die klassische Kost auch gegen Schokolade und Co. getauscht und laute Musik soll den Schmerz überdecken. Was sollten Sie als Eltern in dieser Situation tun?

Versetzen Sie sich in die Lage Ihres Kindes. Wie haben Sie sich bei Ihrem ersten Liebeskummer gefühlt? Erzählen Sie Ihrem Kind von Ihren eigenen Erfahrungen und signalisieren Sie, dass Sie es

---

18 Kira Brück, Die schlimmsten Schmerzen meines Lebens, www.spiegel.de vom 02.10.2013

verstehen. Ihr Kind fühlt sich durch Ihren Zuspruch nicht nur geborgen und getröstet, sondern lernt, dass das Leben weitergeht.

Auch wenn es Ihnen das Herz bricht, kann es gut sein, dass sich Ihr Kind seinem besten Freund oder Freundin anvertraut. Das ist völlig normal, Ihr Kind wird erwachsen. Wenn Ihr Kind mit Ihnen sprechen möchte, sollten Sie sich unbedingt Zeit nehmen. Ansonsten gilt: Seien Sie einfach da und seien Sie sehr freundlich. Kochen Sie ungefragt sein Lieblingsessen oder machen Sie ihm seinen Lieblingsnachtisch. Oft sind es die kleinen Gesten die Liebe und Verständnis signalisieren.

Verharmlosen Sie die Situation nicht. Plattitüden wie „Die Zeit heilt alle Wunden" oder „Auch andere Mütter haben schöne Söhne" helfen nicht und verletzen mit Ihrer Oberflächlichkeit. Schenken Sie Ihrem Kind stattdessen Zeit und körperliche Nähe, sofern es sie möchte. Kuscheln mit Mama und einer Tafel Schokolade kann für gebrochene Teenagerherzen genau das Richtige sein.

Bewahren Sie Ruhe, auch wenn die Emotionen mit Ihrem Nachwuchs Achterbahn fahren. Heulen, Türen knallen und Wutausbrüche helfen, den Schmerz zu verarbeiten. Wenn Sie die Situation nicht mehr aushalten, ziehen Sie sich zurück und gönnen sich eine kurze Auszeit.

Sollte das Selbstwertgefühl Ihres Kindes durch die Trennung gelitten haben, stärken Sie es! Sagen Sie Ihrem Kind wiederholt, was es so liebenswert macht. Vermitteln Sie ihm, dass es über viele Fähigkeiten verfügt und ein attraktiver, intelligenter Mensch ist.

Ihr Kind darf entscheiden, wie schnell und hart es die Trennung vollzieht. Ob es alle Bilder vom Ex-Freund oder der Ex-Freundin aus dem Kinderzimmer entfernt und ihn oder sie aus den Facebook Kontakten löscht, bleibt Ihrem Nachwuchs selbst überlassen. Soziale Medien können Salz in die Wunde des frisch getrennten Sprösslings streuen, sind sie doch voll von glücklichen Liebespaaren. Versuchen Sie, herauszufinden, ob das Liebes-Aus Ihres Kindes Thema bei Facebook ist. Ein geknickter Teenager kann Hohn und Spott nicht vertragen.

Die meisten Kinder erholen sich von ihrer Enttäuschung und gehen gestärkt aus ihrer Erfahrung mit der ersten Liebe hervor. In einigen wenigen Fällen gleiten die Kinder ab und entwickeln ernste psychische Probleme. Beobachten Sie Ihr Kind nach der Trennung, kontrollieren Sie es aber nicht. Falls Ihr Kind nach Wochen immer noch nichts essen möchte und sich immer mehr zurückzieht, ist Vorsicht geboten. Hier könnte sich eine echte Depression entwickeln.

Sechstes Kapitel:

Exkurs – Tipps zum Umgang mit Lehrern[19]

Als ich nach Jahrzehnten wieder ein Schulgebäude betreten habe, waren sofort die Erinnerungen an meine eigene Schulzeit wieder da. Obwohl es sich um eine völlig andere Schule handelte, war er immer noch da: dieser typische Schulgeruch. Leicht miefig und ein bisschen abgestanden. Nicht nur der Schulgeruch von früher war da, sondern auch die Lehrer. Diesmal sah ich mich ihnen nicht in der Rolle als Schülerin gegenüber, sondern als Mutter. Die Frage, die ich mir sofort gestellt habe, wie gehe ich als Mutter mit der Spezies Lehrer um?

Eltern überlassen Lehrern ihre Kinder für mehrere Stunden am Tag. Geht das Kind in eine Ganztagsschule, verbringt es mehr Zeit mit den Lehrern, als mit den eigenen Eltern. Läuft etwas in der Entwicklung des Kindes schief, sind Eltern schnell versucht, die Schuld bei den Lehrern zu suchen. Ich habe oft den Eindruck, dass Lehrer die Kinder als Produkte des Elternhauses wahrnehmen. Wenn das Kind schulische Probleme hat, liegt es an den Herstellern des Produkts, den Eltern. Wenn beide Seiten unreflektiert mit dieser Einstellung kommunizieren, dürfte das Gespräch wenig erfolgreich verlaufen. Das ist fatal, gilt es doch, das Beste für das

19 Dirk und Christiane Konnertz, 10 Tipps für (schwierige) Gespräche mit Lehrern, www.elternwissen.com

eigene Kind beziehungsweise den Schüler/die Schülerin zu erreichen.

Gespräche verlaufen besser, wenn ich mich in die Situation des jeweils anderen hineinversetze. Eltern sollten den Eindruck vermeiden, die Schuld für den schulischen Misserfolg bei den Lehrern zu suchen. Betrachten Sie Gespräche mit Lehrern als Gespräche unter Experten. Sie bringen das geballte Wissen jahrelanger Erziehungsarbeit in den Austausch mit ein. Die Lehrer hingegen ihr pädagogisches Fachwissen und die Beobachtungen aus dem Schulunterricht.

Vergegenwärtigen Sie sich, dass Lehrer emotional nicht so stark involviert sind, wie Sie als Eltern. Während Lehrer Ihre Kinder unterrichten, üben sie einen Beruf aus. Sie wollen gute Arbeit leisten, aber auch geregelte Arbeitszeiten und Freizeit für sich und ihre Familien. Lehrer müssen allen Schülern gerecht werden, Sie können sich nicht nur um ein Kind kümmern. Eltern sehen verständlicherweise hauptsächlich ihr eigenes Kind, für dass sie das Beste erreichen wollen.

Wenn Eltern Lehrern begegnen, tragen sie die Last der eigenen Schulzeit mit sich herum. Je nachdem, wie die eigene Schulzeit verlaufen ist, sehen sich Eltern mit ihren eigenen Ängsten und Aggressionen gegen Lehrer konfrontiert. Sollten Sie Ihre eigenen Erinnerungen sie sehr belasten und negative Auswirkungen auf die Schulzeit Ihrer Kinder haben, ist es sinnvoll, die eigenen Ängste aufzuarbeiten. In jedem Fall sollten Sie sich vor einem Gespräch mit den Lehrern Ihrer eigenen Gefühlslage klar werden.

Lehrer spielen eine wichtige Rolle im Leben eines Kindes. Die Schullaufbahn hat Auswirkungen auf unser weiteres Leben. Bemühen Sie sich daher um ein gutes Verhältnis zu den Lehrern Ihrer Kinder. Unterdrücken Sie starke Emotionen und versuchen Sie, den Standpunkt des Gegenübers nachzuvollziehen.

Aus eigenen Gesprächen weiß ich, dass Lehrer Angst vor den Eltern haben. Bei Elternabenden sehen sie sich als Einzelkämpfer einer Meute von ehrgeizigen Eltern gegenüber, die für ihr Kind das Beste aus der Schullaufbahn herausholen wollen. Einzelgespräche mit Eltern sind aus Sicht der Lehrer auch nicht immer einfach. Sie haben teilweise sogar regelrecht Angst davor. Betrachten Sie als Eltern den Lehrer aus diesem Blickwinkel, lässt sich so manches Verhalten anders einordnen. Warum hält sich die Klassenlehrerin die ganze Zeit am erhöhten Pult fest? Ist sie vielleicht gar nicht arrogant, sondern unsicher und möchte Überlegenheit vortäuschen? Redet der Sportlehrer nur deshalb ohne Punkt und Komma, weil er Angst vor den Fragen der Eltern hat? Lehrer müssen nicht täglich Rechenschaft über ihre Arbeit ablegen, sondern nur punktuell, zum Beispiel bei Elternabenden. Umso schwerer fällt es ihnen, mit dieser Herausforderung umzugehen.

Falls Sie mit dem Lehrer oder der Lehrerin Ihres Kindes ein Krisengespräch führen müssen, sollten Sie folgendes beherzigen:

1. Suchen Sie keinen Schuldigen. Versuchen Sie, gemeinsam herauszufinden, warum Ihr Kind auf bestimmte Situationen so reagiert, wie es reagiert.

2. Wie können Sie gemeinsam das Verhalten Ihres Kindes ändern? Sollten Sie zu Hause mehr Grenzen setzen? Sollte es in der Schule mehr bestärkt werden?

3. Gibt es praktische Hilfen, die Sie in Anspruch nehmen können? Sollte Ihr Kind professionelle Nachhilfe bekommen?

4. Loben Sie den Lehrer oder die Lehrerin Ihres Kindes, das schafft eine positive Grundstimmung, in der sich beide Seiten leichter aufeinander zubewegen können.

5. Üben Sie nur konstruktive Kritik oder verpacken Sie sie in praktischen Vorschlägen, die sich gut in den Schulalltag integrieren lassen.

6. Bei Elternaktionen lernen sie die anderen Eltern, Lehrer und die Schule besser kennen. Mit dieser Erfahrung dürfte es Ihnen leichter fallen, sich in die Situation der Lehrer hineinzuversetzen. Vielleicht können Sie „Insiderwissen" abgreifen, das es Ihnen erleichtert, problematische Situationen frühzeitig zu erkennen.

7. Wenn Sie das Gefühl haben, dass Ihr Kind unter der Situation in der Schule sehr leidet (Stichwort Mobbing), der Lehrer dieses Problem nicht wahrhaben will, müssen Sie die Auseinandersetzung mit dem Lehrer nach oben eskalieren. Scheuen Sie sich nicht zum Wohl Ihres Kindes die Schulleitung einzuschalten.

Je nachdem, um welches Thema es sich handelt, kann es sinnvoll sein, das Kind an dem Gespräch mit dem Lehrer teilnehmen zu lassen. Sie vermitteln Ihrem Kind das Gefühl, keine Entscheidungen über seinen Kopf hinweg zu treffen. Gleichzeitig geben Sie ihm Gelegenheit, seine eigene Sicht der Dinge darzulegen. Die ist insbesondere wichtig, wenn Sie Missverständnisse aufklären wollen. Kindern wird in diesen gemeinsamen Gesprächen mit Lehrern und Eltern bewusst, dass ein Austausch zwischen Schule und Elternhaus stattfindet.

1) Hausbesuche

Gerade an Gesamtschulen ist es üblich, dass Lehrer ihre Schüler zu Hause besuchen. Die Lehrer können sich einen persönlichen Eindruck vom Alltag der Kinder verschaffen. Die Eltern haben die Möglichkeit, mit den Lehrern außerhalb der (belasteten) Atmosphäre der Schule zu sprechen. Auch die Schüler können sich dem Lehrer eher öffnen, wenn sie ihm privat begegnen. Die ist gerade für schüchterne Schüler eine Chance, sich neu zu öffnen.

2) Besuch im Unterricht

Nach meiner Erfahrung nicht ganz so üblich, sind Besuche der Eltern im Schulunterricht. Lehrer sind wenig begeistert von solchen Besuchen, weil sie den Unterricht stören. Solche Besuche bringen wenig, da sich die Schüler vor Publikum nicht so benehmen wie sonst.

Ich möchte Ihnen an dieser Stelle das Verhalten von Lehrern vorstellen, dass ich nicht akzeptieren möchte. In so einem Fall müssen Sie kein Verständnis für das Verhalten des Lehrers haben. Im Gegenteil: Regen Sie sich auf. Tun Sie sich mit anderen Eltern zusammen und gehen Sie gemeinsam gegen dieses Verhalten vor.

- Ein Lehrer beschimpft schlechte Schüler wiederholt vor der ganzen Klasse.
- Ein Lehrer liest besonders schlechte Arbeiten laut vor der Klasse vor.
- Ein Lehrer äußert sich vor den Schülern negativ über Kollegen.
- Ein Lehrer macht während der Klassenfahrt anzügliche Bemerkungen gegenüber einer Mitschülerin.
- Sie erhalten trotz mehrfacher Anfragen keinen Gesprächstermin bei dem Lehrer. Fragen Sie bei anderen Eltern nach, ob sie ähnliche Erfahrungen gemacht haben.

Ich persönlich sehe den Alkoholkonsum von Lehrern während der Klassenfahrt als problematisch an. Nach meiner Erfahrung ist es gerade bei Fahrten der Oberstufe des Gymnasiums nicht unüblich, dass auch Lehrer abends zu der Flasche Bier greifen. Wenn man bedenkt, dass Lehrer eine Vorbildfunktion ausüben, ist dieses Verhalten geradezu fatal. Dies wird leider nicht von allen Eltern so gesehen. Insbesondere bei sonst beliebten Lehrern wird dieses Verhalten außerhalb des Klassenzimmers oft toleriert.

Siebtes Kapitel:

Bonus – 20 Tipps für das Überleben mit einem Teenager

Last but not least folgen hier 20 Tipps, wie Sie die Pubertät Ihrer Kinder überleben. Es handelt sich um eine Kurzfassung der Erkenntnisse aus den einzelnen Kapiteln, die ich hier noch einmal kurz und prägnant für Sie zusammenfasse.

1. Wenn Sie sich mit Ihrem Kind unterhalten, erzählen Sie viel von sich selbst. Beginnen Sie Gespräche nicht mit Fragen an Ihr Kind, sondern leiten Sie das Thema ein, indem Sie von sich erzählen. Ein gutes Umfeld hierfür ist das gemeinsame Abendessen. Ihr Kind soll sich um einen Ausbildungsplatz kümmern. Leider kommt Ihr Nachwuchs nicht wirklich voran. Sie können entweder Ihr Kind direkt oder Ihren Ehemann etwa mit folgender Bemerkung ansprechen: „Ich erinnere mich noch, wie ich mich damals bei Peugeot vorgestellt habe. Gott war ich froh, endlich ein Vorstellungsgespräch zu haben. Dabei fiel es mir so schwer, mich überhaupt zu bewerben.

2. Bevormunden Sie Ihr Kind nicht! Lassen Sie Ihr Kind seine eigenen Erfahrungen sammeln. Wenn etwas schiefgegangen ist, triumphieren Sie nicht. Sätze wie „Ich habe es Dir doch gesagt!“, sind Gift für die Beziehung mit Ihrem Kind. Ich

kommentiere Niederlagen meines Kindes gar nicht oder tröste es, wenn es angesichts seines Scheiterns traurig ist.

3. Vertrauen Sie Ihrem Kind und gewähren Sie ihm Freiraum! Wenn es mal über die Stränge schlägt, sollten Sie mit Augenmaß reagieren. Eine durchzechte Partynacht heißt noch nicht, dass Ihr Kind Alkoholiker geworden ist. Nach ein paar Tagen können Sie maßvollen Alkoholkonsum in aller Ruhe besprechen.

4. Kommunizieren Sie wertschätzend! Honorieren Sie, dass Ihr Kind sich bemüht hat, und reden Sie die Ergebnisse nicht klein. Das Glas ist halb voll und nicht halb leer. Ihr Kind hat jeden Nachmittag für die Deutscharbeit geübt und trotzdem keine gute Note bekommen. Loben Sie es dafür, dass es sich angestrengt hat. Bieten Sie professionelle Nachhilfe an, um die Noten langfristig zu verbessern.

5. Loben Sie Ihr Kind und kritisieren Sie es nicht nur! Das Selbstvertrauen ist bei Jugendlichen in der Pubertät angeschlagen, sehen Sie die guten Seiten Ihres Kindes und heben Sie diese hervor. Pubertierende sind langsame Einsiedlerkrebse, die sich mit schlechter Laune ab und zu ans Tageslicht trauen. Ihr Kind ist zum Essen erschienen, hat aber heute leider noch keinen Kamm gesehen. Macht nichts, Hauptsache, es ist mit Ihnen zusammen.

6. Setzen Sie Grenzen! Sie können diese Grenzen in Form von

Familienregeln formulieren, die für alle gelten. Zum Beispiel: Wir respektieren einander und beleidigen uns nicht. Wir sorgen dafür, dass wir in einem sauberen aufgeräumten Haus wohnen. Ich habe bei Familien Tafeln mit den Familienregeln in der Küche gesehen. Dies schafft zumindest einen Anlass, beim Aussuchen und Aufhängen der Tafel über diese Regeln zu sprechen. Langfristig nimmt niemand mehr solche Tafeln wahr.

7. Respektieren Sie die Privatsphäre Ihres Kindes! Jugendliche haben das Recht, die eigene Zimmertür abzuschließen. Verfügt das Kind bereits über einen Schlüssel für die Zimmertür, wird es diesen einfach nutzen. Wenn Ihr Nachwuchs noch keinen Schlüssel für sein Zimmer hat, geben Sie ihm diesen Schlüssel. Lange Diskussionen sind fehl am Platz.

8. Wenn Sie glauben, dass Ihr Kind Drogen nimmt oder Sie mehr über seinen Freundeskreis herausfinden wollen, sollten Sie es offen darauf ansprechen. Hintergehen Sie es nicht, indem Sie hinter seinem Rücken ungefragt in seinen privaten Sachen herumwühlen. Drogensucht ist ein ernst zu nehmendes Problem, kümmern Sie sich früh um professionelle Unterstützung.

9. Wenn Sie mit Ihrem Kind schimpfen, dann nur zu Hause. Setzen Sie sich nicht mit Ihrem Kind in der Öffentlichkeit auseinander. Dies stellt Ihr Kind vor anderen Menschen bloß. Gleichzeitig laden Sie die Zuschauer ein, sich einzumischen oder Ihren Erziehungsstil zu kommentieren. Dies gilt übrigens

auch für Eltern, die sich gerne in der Öffentlichkeit erzieherisches Fehlverhalten vorwerfen.

10. Wenn Sie sich mit Ihrem Kind streiten, dann ohne es zu beleidigen und ohne es körperlich anzugreifen. Lassen Sie einen Streit nicht eskalieren, verlassen Sie notfalls den Raum, bevor Sie sich nicht mehr unter Kontrolle haben.

11. Zeigen Sie Präsenz! Seien Sie als Ansprechpartner für Ihre Kinder verfügbar. Vermeiden Sie, dass Ihr Kind nach der Schule oder abends stundenlang alleine ist. Ich weiß, dass gerade diese Empfehlung für Alleinerziehende nur schwer umzusetzen ist. Vielleicht haben Sie die Möglichkeit, Freunde oder Verwandte als „Teenagersitter“ zu engagieren.

12. Geben Sie zu, wenn Sie einen Fehler gemacht haben! Entschuldigen Sie sich bei Ihrem Kind, falls es angebracht ist.

13. Nehmen Sie Ihr Kind in den Arm, wenn es diese Zärtlichkeit zulässt. Verlieren Sie nicht das Gespür für das Bedürfnis Ihres Kindes nach Nähe und Geborgenheit. Nur weil es kratzbürstig und freiheitsliebend geworden ist, bedeutet das noch lange nicht, dass es nicht kuscheln möchte!

14. Vermitteln Sie Ihrem Kind das Gefühl, dass Sie der sichere Hafen sind, an den es sich immer wenden kann. Zeigen Sie Ihrem Kind, dass Sie es als Eltern lieben, so wie es ist. Dies setzt auch voraus, dass Sie sich als Eltern noch gegenseitig

lieben oder zumindest respektieren. Ein bröckelndes Fundament kann kein sicherer Hafen sein.

15. Nehmen Sie die Tücken des Lebens mit Humor! Lachen ist eine Wunderwaffe gegen Stress. Glückstagebücher können helfen, sich jeden Tag die positiven Aspekte des eigenen Lebens in Erinnerung zu rufen.

16. Suchen Sie sich Hilfe, wenn Sie nicht mehr weiterwissen! Andere Eltern, aber auch Psychologen unterstützen Sie, wenn Sie mit Ihrem Latein am Ende sind. Gerade andere Eltern sind eine erste Anlaufstelle, um sich über die praktische Handhabung einiger Teenagermarotten auszutauschen. Wie halten es die Nachbarn mit der Handynutzung? Darf die erste Liebe zu Hause übernachten? Durch diesen regelmäßigen Austausch stellen Sie eine gewisse Homogenität in Ihrem Erziehungsstil her und Sie vermeiden, dass Ihr Kind neidvoll auf die Nachbarn schaut.

17. Führen Sie ein offenes Haus, in das Ihr Kind Freunde einladen kann. Erlauben Sie sich kein Urteil über diese Freunde, auch wenn sie nicht Ihren Idealvorstellungen entsprechen. Fragen Sie nach, was Ihrem Kind an diesen Menschen gefällt. Je offensichtlicher Sie die Freunde Ihres Kindes ablehnen, desto attraktiver werden sie.

18. Versuchen Sie, nicht der oder die beste Freundin Ihres Kindes zu werden. Sie sind die Eltern, die als solche Halt und

Orientierung geben. Dies gilt im Idealfall ein Leben lang. Kein Mensch wünscht sich eine Mutter oder einen Vater, die oder der sich zu einem Treffen mit dem besten Freund in der Eisdiele einfach so dazu gesellt. Als aufdringlich und peinlich werden auch Versuche der Eltern empfunden, sich sprachlich und vom Kleidungsstil ihren Sprösslingen anzupassen.

19. Gehen Sie mit exzentrischen Outfits Ihres Nachwuchses gelassen um! Ich überlasse meinen Kindern die Kleiderwahl schon seit frühester Kindheit selbst. Das entspannt und hilft, so manchen Konflikt zu vermeiden.

20. Stellen Sie für das Kinderzimmer nur Minimalregeln in Sachen Ordnung auf! Alles, was Krankheiten auslösen oder Ungeziefer anlocken kann, ist verboten. Teller mit Essensresten dürfen also nicht im Zimmer stehen bleiben. Das Chaos im Rest des Zimmers darf bleiben. Gemeinsam genutzte Flächen, wie den Flur, müssen alle reihum mal aufräumen.

Schlusswort

Ein bekannter Schlagertext lautet „Alles hat ein Ende, nur die Wurst hat zwei." Zu Ihrer Beruhigung kann ich Ihnen mitteilen, dass die Pubertät definitiv ein Ende hat. Die ganz heiße Phase ist schneller vorbei, als man denkt. Mit zunehmendem Abstand wird die Pubertät eine Zeitspanne in der Entwicklung des Kindes, die die Eltern verklären.

Die Mehrheit der Jugendlichen übersteht die Pubertät sehr gut und geht gestärkt in das Erwachsenenleben. Vergessen Sie nicht, die Pubertät ist ein wichtiger Schritt auf dem Weg in die Selbstständigkeit. Bemühen Sie sich, Ihr Kind auch wirklich in diese Freiheit zu entlassen, indem Sie ihm ermöglichen, nach der Schule bei Ihnen auszuziehen. Diese räumliche Trennung wirkt nach den konfliktträchtigen Jahren der Pubertät wahre Wunder.

Behalten Sie Ihren Humor und gönnen Sie sich eine Auszeit. Freuen Sie sich auf die Zukunft, in der Sie mehr Zeit für sich selbst und Ihren Partner haben werden. Bereiten Sie diesen Lebensabschnitt vor, indem Sie sich ein Hobby suchen oder sich neuen beruflichen Herausforderungen stellen.

Ganz wichtig finde ich auch, dass Sie sich Hilfe suchen, wenn Sie das Gefühl haben, überfordert zu sein. Immer wieder erlebe ich Eltern, die Angst haben, sich an Experten zu wenden. Manchmal ist es die Furcht, mit den eigenen Fehlern konfrontiert zu werden, manchmal ist es die Angst vor dem Gerede der Nachbarn und manchmal ist es schlicht Gleichgültigkeit.

Ich habe durch meine Kinder viel über mich selbst gelernt. Gerade, weil ich mich mit meinen eigenen Fehlern auseinandersetzen musste. Die Meinung der Nachbarn sollte einem herzlich egal sein. Sie müssen ihnen nicht erzählen, dass Sie sich professionelle Hilfe in Sachen Erziehung holen. Gleichgültige Eltern lassen mich immer sprachlos zurück. Kinder aus solchen Elternhäusern haben es schwer. Da Sie diesen Ratgeber lesen, gehören Sie definitiv nicht zu der letzten Kategorie. Beste Voraussetzungen, um erhobenen Hauptes mit der Pubertät den Kampf aufzunehmen!

Haftungsausschluss

Die in diesem Buch enthaltenen Informationen und Ratschläge dienen der allgemeinen Orientierung über die Themen Erziehung, Entwicklung und Kommunikation. Sie sollen unter keinen Umständen pädagogische Beratung durch einen Fachmann ersetzen und dienen ausschließlich zu Informationszwecken. Der Text ersetzt keinesfalls eine medizinische Beratung durch einen Arzt. Er darf nicht als Basis zur eigenständigen Diagnose und Beginn, Änderung oder Beendigung einer Behandlung verwendet werden. Bei gesundheitlichen Fragen, Beschwerden oder Problemen konsultieren Sie immer Ihren Arzt! Wissenschaftliche Erkenntnisse verändern sich ständig, daher kann eine 100% Aktualität der vermittelten Informationen nicht gewährleistet werden. Der Anwender ist verantwortlich für die konforme Anwendung und Nutzung der Inhalte im Sinne gesetzlicher Bestimmungen. Das Buch, inklusive aller Inhalte, gewährt keine Garantie oder Gewähr für Aktualität, Korrektheit, Vollständigkeit und Qualität der bereitgestellten Informationen. Druckfehler und Fehlinformationen können nicht vollständig ausgeschlossen werden. Der Autor lehnt innerhalb des gesetzlichen Rahmens jegliche Haftungsansprüche ab, die sich direkt oder indirekt aus der Anwendung oder Falschanwendung der in diesem Buch gegebenen Informationen ergeben.

Impressum

Deutsche Erstausgabe 2019

Katharina Rothschild wird vertreten durch:
Harper & Coleman
René Engert
Lütjes Feld 24
31832 Springe

Covergestaltung und Satz: Wolkenart - Marie-Katharina Wölk, www.wolkenart.com

Druck: Printed by Amazon Distribution
Imprint: Harper & Coleman
ISBN: 978-3-9821202-5-6

Printed in Poland
by Amazon Fulfillment
Poland Sp. z o.o., Wrocław

63140190R00085